U0008625

最棒的禮物

The God Code：We Are Robots!

我們都是機器人！

史提夫‧羅德斯

最棒的禮物
我們都是機器人！

免責聲明

　　本書目的為提供讀者資訊與激勵。出版商販售此書之立場非為提供心理、法律或任何其他專業建議，出版商及作者亦不對於任何身體、心理、情感、財務或商業損害負責，其中包括但不限於特殊、偶發性、間接引起之傷害或任何其他損害。我方之觀點與權利主張相同：

　　你應該對自己的選擇、行為與其後果負責。

「人與人之間的所有關聯，
即便最恆久不變的感情關係，都不存在。」

目錄

最棒的禮物
我們都是機器人！

最棒的禮物
我們都是機器人！

序
·······

　　我們的內在有些東西跟宇宙一樣古老，它們來自「班」
（Bhan）。班從來不具有生命，但卻承載了所有生命的藍圖。

　　你認為你掌控了自己的生命？並非如此，造物主才是主
宰。班在大霹靂時散裂成無數碎片，數量大到無法想像，這
些就是你的造物主。班與其四散的分體並沒有生命，而我們
有；班無法思考，而我們可以。所有生命型態，包括每棵樹、
每條魚、每隻鳥、每隻昆蟲、哺乳類動物以及人類，都蘊含
兩種班的分體，但如此大量的班永遠不會成形，它們並不會
構築成物理型態，而是成為意識的構築者。所有的班都透過
微中子相互溝通，沒有班，就沒有生命；沒有班，一切只剩
混沌。

　　宇宙是個生命，而你身在宇宙之中。現在想像一下你體
內的所有細胞，它們的處境與你類似，它們並不知道發生了
什麼事，也不知道人體是什麼，更不知道在浩瀚的未知世界
中存在數十億個人類。

　　生命就像俄羅斯套娃，每個俄羅斯娃娃中都住著另一個
娃娃，無窮盡地層層相疊，差別只在於大小不同。

　　我們是唯一具有智慧的生命型態，這是恩賜，同時也是

最棒的禮物
我們都是機器人！

詛咒。智慧讓我們成為宇宙中唯一察覺自身存在的生物，而我們的策略能力與貪婪則將我們推上食物鏈的頂端。但對於自身存在的知覺或自我反思的意識，同時也帶來令人不悅的副作用：我們知道自己總有一天會消失。

我們試著用比較有趣且不理性的方式來應付這個小問題。在認知自己終將一死的情況下，我們做出奇怪的假設，主張「滿足」又「長久」的生命能讓死亡變得輕鬆或者更不枉此生，所以試圖讓我們在擁有的時間裡變得更加圓滿。而另一個有趣的解套方法，就是關於天堂與來世的神話故事。

有些人執著於科學與邏輯，但我在這些人的日常生活中常常看不見這兩點，我以前會拿他們來開玩笑，不過現在不會了。因為不管你認為自己多麼有邏輯又理性，也永遠無法真正明白一切是怎麼回事。「希望」對人類來說一直都很重要，如果剝奪了希望，又不找替代品讓人類得以寄託生活，可說是百害而無一利。

著名的梅爾克修道院，座落在可以遠眺多瑙河與奧地利瓦郝溪谷的岩石地上，我的童年時光都在修道院的寄宿學校中渡過。其實我很喜歡上學，但我在畢業的同時也退出了天主教會，這可不是奧地利人會做的事。我上了大學之後，數學將我折磨得很慘，但對於我現在崇尚虛無主義並擁抱生命中混沌理論的心靈而言，這門原用於計算概率的學科卻正好能派上用場，我信的不是耶穌，而是高斯曲線。

當然，二十多歲時，你會認為死亡還是很久以後的事，死亡是別人的問題，不關你的事，所以為什麼要煩惱死亡呢？你仍然懷抱著錯覺，認為生命會成為你所想要的任何模樣。

希望是強力的春藥，美國夢與上帝都建立在謊言之上，但它們帶來希望，而希望就是一切。

往後三十年發生的一切與數據、偶發事件、上帝以及我在生命中的期望無關。過去與現在的我都擁有多采多姿的生活，我曾經見過、也體驗過極端的高峰與低谷；我曾經與各行各業的人相處過，從著名的達官顯貴到又髒又窮的市井小民都有。

為什麼說我的生命與偶發事件無關？舉個例子，我在九零年代末搬到倫敦，當時我不認識任何人，但我很堅信能在音樂產業中創造代表性的生涯表現。我一直想要與我的偶像所合作過的人物共事，也將此當成我靠一己之力無法成功的唯一理由。

當時倫敦這座城市擁有超過一千萬居民，想要與這間小型菁英俱樂部的人碰面，機率微乎其微。我抵達倫敦時只是無名小卒，名不見經傳。當時能上網的人寥寥無幾，電子郵件算是很新潮的社交媒體，更沒聽過什麼叫 YouTube 與實境電視節目，因為根本還沒發明。

我唯一認識的人是位年輕的樂器商，他剛在倫敦郊區開了間小店，店裡只有一間小房間能當作辦公室，他賣給我一對揚聲器，讓我能在家裡的小錄音室使用。有天他打電話問我，能不能帶另一個人來看看我的揚聲器，十五分鐘過後，某位我一直想見上一面的人（屬於跟我的偶像共事的一小群菁英份子）已然站在我的房間裡聽著我的歌。我什麼都沒做，但夢想就這麼實現了，這種機率能有多大？

幾個月後，一種全新的音樂風格在倫敦萌芽，而我全心

最棒的禮物
我們都是機器人！

投入其中，也錄製了幾首相同風格的新歌，確信這就是我步入倫敦音樂殿堂的踏腳石。往後的六個月，我在書桌上放了一張同類型音樂中最頂尖歌手的唱片，他是倫敦人，而且出道首張專輯就奪下排行榜冠軍，據說有間大型唱片公司花了一百萬英鎊把他簽下來，我想要像他一樣！

　　同樣的，當時的網路還沒有現在這麼發達，也沒有 eBay 這種拍賣網站，如果想要賣東西，就得在名叫「搜刮」（Loot）的二手拍賣報紙上刊登廣告。某天我正等著別人來買我的二手貨，當門鈴響起來時，我能從小圓窗看見誰站在門外，他長得很像我書桌上那張專輯的歌手，但如果是這樣也太荒謬了，所以我把他要的東西交給他，沒有提到我是音樂人。他要離開時順口問道：「你的工作是什麼，史帝夫？」

　　我很不情願地告訴他（我覺得他在浪費我的時間），我是音樂人。他回答說他也是玩音樂的（就這麼剛好），而且剛剛跟一家大型唱片公司簽約。我的頭一陣暈，不會又來一次吧！一點都沒錯，他就是那張專輯的歌手。他帶走我的歌，並且在他主持的 BBC 廣播節目上播放。

　　這類奇蹟在往後幾年內不斷上演，舉個例子，就在幾年前，我休息了好一段時間後，錄製了幾首新歌，正在研究要把歌曲寄給哪間唱片公司才會獲得青睞。我的名單上有不少英國人，但想找些美國人來合作，就做了一點功課，找到名叫馬丁‧柯森鮑姆（Martin Kierszenbaum）的人，他曾經製作過一流的唱片，也是女神卡卡（Lady Gaga）大紅大紫的幕後推手。當然，我當時沒辦法聯絡上這位來自美國的大人物。隔天，我走過我在倫敦那間小錄音室的大樓接待處，此

時大樓門鈴正好響起，而我做了平常不會做的事。我走到接待櫃台後方，拿起對講機的話筒說：「哪位？」話筒另一邊傳來：「馬丁・柯森鮑姆。」掛掉話筒後我立刻放聲大笑，我當時覺得自己大概瘋了。

先說明一下，我這十年來從沒在這棟大樓見過任何一位唱片公司製作人，而且即便有遇過，也不可能是從美國來的。所以當我聽見他的名字時，覺得一定是聽錯了，應該只是其他住戶叫的哪間外送餐點。但我止不住好奇心，所以按鈕幫他開門後就在接待處等著。一輛由司機駕駛的黑色加長型轎車開到門口，有個人步出車外向我走來，我詢問他是不是新視鏡唱片（Interscope Records）的馬丁，果然是他。

不過，我並沒有成為超級成功或者有名的巨星，我生命中的遭遇並沒有跟我的期望與心願接軌，我告訴你這些故事的原因並非如此，應該說我想強調的是，如果你相信宇宙萬物都是偶發事件，或者以大多數人的邏輯思維來理解宇宙，那這些事情就不會發生。

混沌並不存在，一切都有秩序，但主宰秩序的是誰？我的心態在這幾件事情之後有所轉變。我們常用有信仰者與無信仰者來區分全世界，其實很愚蠢。第一種人，縱使沒有證據顯示萬物的存在，仍然以最虔誠的心看待一切；而另一種人則確信萬物並不存在，除非他們能看得見、摸得到，或者能親身體驗。這兩種人對於自己的主張都提不出證明。我在倫敦的那陣子，經歷過我所無法解釋的體驗過後，就已經跳脫這兩種人之外。我的新座右銘是：「許多事物確實存在，但我對它們摸不著頭緒。」我敞開心胸，但沒有信仰，我知

道有些超脫於世道之外的事物確實存在。不過我也發現，不同的事物會發生在不同的人身上，而且絕非偶然。我們的生命確實獨一無二，我們各自具有獨特的使命，也都有屬於自己的故事。

我們所能認識與理解的一切只是個理論，也就是說我們無法對任何事情下定論，就算你是愛因斯坦、霍金或是羅德斯都一樣。有些理論的可信度或許比其他理論還高，但理論終究會瓦解。科學實證的概念，只不過是能在一定程度內預測結果的實驗，沒有任何事物是堅不可破，萬物也未必會有最真切的解釋。

我們或許會相信「聰明人」所告訴我們的話，但也會相信並且依賴我們自己所做出的結論。萬事萬物都沒有絕對的證據，想想科學與宗教之間有哪些確實存在的差異，其實並不多。這兩者都能以不同的方式來撫慰我們，但到了最後，我們終究會步入死亡，而就算是比較睿智的人，也無法找到我們為何來此一遊的解答，對於這一切，我們毫無概念。

假如你回頭想想先前關於我們體內細胞的說法，它們同樣也不知道自己為何存在，那它們又怎麼會在正確的時間出現在正確的地方，並且克盡職責好好維持我們的生命？這就得提到細胞世界中令人無法想像的粗暴特質了，如果細胞的世界中一片祥和，我們早就失去生命了，畢竟你無法依賴善良美德維生。但如果細胞與我們都不了解生命的意義，萬物又何以運行至此？

我的理論主張：世界上存在著看不見的「程式」。科學家告訴我們，宇宙中只有 4.9% 是我們看得見的一般物質，其

餘都是暗物質，是黑暗的能量與微中子，這名稱聽起來很屬害，其實就是代表「我們不知道是什麼，但確實存在」的意思。暗物質可以想像成宇宙的智慧或「軟體」，就像藍圖一樣；微中子則是將暗物質彼此連結的通路，可以用近乎光速的速度朝任何方向傳遞資訊，並且能夠穿越直線方向上的萬物。它們誕生於恆星之中，具有微量的物質。班就是不具有生命的暗物質，只會改變微中子的資訊，就像稜鏡會使得穿過其中的光線改變一樣。這種機制影響了具有生命的萬物，你覺得鳥類為什麼會在冬天與夏天飛往其他地方？其實並沒有「本能」這種東西，而是程式在運作。「本能」只是代表「我們知道該怎麼做，但不知道原因為何」的字眼。我在本書開宗明義提到，我們每個人體內都具有班，但事實上我們都蘊含了兩種暗物質班的分體。這兩者都是負責帶來影響的組織者，不只影響了身體，也影響了心靈與愛。如果你想更深入了解班，建議你閱讀我的另一本著作：《拉‧烏盧‧胡的人類大預言》（The Prophecy of Ra Uru Hu）。

　　科技界最新的術語是人工智慧（A.I.）與機器學習，表示我們賦予機器或電腦一定程度的自主權，讓它們能夠靠自己解決問題，同時也能自我教育。它們能在不經過明確編碼的情形下學習，這與它們過去所依循，由程式編碼員所創造典型的循序漸進式規則有所不同。而我們從未想過，我們本身也是依照相同方式來運作，我們只不過是具有智慧的機器或機器人，由更大型的「程式」所操控，但這個程式同樣也不具有生命，同樣不了解自己的作用何在，它並不是留著鬍子的白髮老翁，也並非來自於世界中心或者更高等的境界。

我們擁有一定程度的自主權，你可以稱之為即興發揮，也就是人類所理解的自由意志。但透過班所運行的程式，它從大方向上掌控了我們將會採取的行為模式，並且在必要時加以干涉。這就像我們在管教孩子一樣，你會對小孩設下界線，孩子可以在界線範圍內自由活動，也能讓你擁有自己的生活，否則就必須時時刻刻緊盯著他們不放，不符合效益。你也可以賦予孩子目標或任務，讓他們自己找出解決方案。

　　生命也是如此掌控著我們，或者在更深的層面上，掌控著我們體內的細胞。細胞怎麼知道自己應該位於膝蓋上，而不是大腦裡頭？它並不知道，但程式替它安排好了。程式從混沌中創造秩序，並且以特定的條理組織起宇宙中的生命，就如同編出一支優美的舞步。

　　程式透過我們所具有的某些特性來影響我們，而我們經過編碼後也會符合其他人的特質，這不代表會因此喜歡或愛上每個人（也不可能），或是能讓所有人都喜歡或愛上你，而是用來尋找歸屬的指標。這並非從**綜觀**的方向評斷，而是以個體為出發點。沒有誰是絕對的好人或壞人，我們也無法找出放諸四海皆準的角度，口徑一致地評斷一個人的對與錯。世界上並沒有一體適用的定義能用來妄下評斷，但多數人如今卻日復一日地擅加批判。你在生命中的一切行為也是如此，包括每個人的飲食方式與食物在內，我們彼此各不相同，所具有的任務與需求也不一樣。地球上除了你以外，沒有任何人知道最適合你的是什麼。

　　人類總是覺得迷失了自我，因此很容易成為自助系統、書籍以及各種新世紀實踐課程與自我宣稱的大師所鎖定的對

象。我們總是受到灌輸，說我們有缺陷、我們是罪人，說我們從出生的那刻起就不完美，但這些型態的「助力」，其實是在剝奪我們自身的權力與能力（以及金錢）。事實在於我們都迷失了，但其實又沒有迷失，縱使我們不了解一切是怎麼回事，並不代表我們迷失了自我。

我的書並不是自助類書籍，而是要讓你了解程式對你的期望是什麼、如何影響你，又會如何支持你。本書能協助你認清自己真正的本質，使你能夠擺脫以往所受到灌輸、關於如何自我「認知」或自我「改變」的錯誤幻想。

但有一點相當重要：即便你可能更了解自我的本質以及真我，並不代表你能獲得期望中的生活。這一切不只與你有關，更關乎於你所身處其中的大環境。我們多數人並不了解，其實我們屬於更大的有機生物，無論你怎麼想，「程式」都主宰了許多層面，不僅支配了你的生活，也控制了一切的可能與不可能。

同時，我們確實擁有自主權，可以即興發揮。我們的生命是班所帶來眾多影響力的總和，也是我們生命中所發生一切事物的總和。我們從經驗中學習，並且成為更有智慧的生物。我們透過自主與即興來完成這項過程，但並不是生命中的一切都有劇本，劇本上只寫了其中一部分。

我花了 15 年，試圖了解這個程式的一部分，以及我們該如何加以解碼。在進入音樂產業前的年輕歲月中，我是個電腦宅與碼農。過了 20 年，我告別音樂產業，投身開發一套軟體，讓我能夠參透這個「程式」所帶來的影響。

我稱之為，班圖（BaanTu）。

本命圖

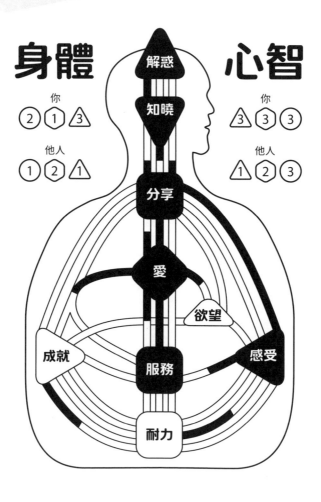

身體　心智

你
② ① ③

他人
① ② ①

你
③ ③ ③

他人
① ② ③

解惑
知曉
分享
愛
欲望
成就
服務
感受
耐力

最棒的禮物
我們都是機器人！

這是一張概略圖，代表影響著你、我，以及每個人類的「程式」。上面這張是我的「本命圖」，如果你也想算出自己或別人的本命圖，可以到我的網站，網址是 baantu.com，可以註冊免費帳號，藉此描繪出本命圖。你也能看到其他超過一千人的本命圖，其中包括許多作家、藝人、政治家與音樂家，當然還有運動明星、影星跟眾多名人。

想要描繪出本命圖，你需要相當精確的出生時間。我們大多數人的出生證明上都記載了出生時間，如果你的出生證明上面沒有，可以致電諮詢發證單位或者出生醫院。班圖軟體能夠告訴你本命圖什麼時候開始變化，可能會在你輸入時間的前後，你應該至少每 76 分鐘就會看見改變，可能很細微，也可能很顯著。如果你完全沒有自己的出生時間，那我就不建議你算本命圖，因為每天都會發生許許多多的改變。

班圖（Banntu）與脈輪（Chakra）能量系統沒什麼關連，只不過本命圖的中心部分看起來有些類似。班圖也跟古老的易經沒有關係，雖然在曼陀羅輪的計算上有使用 64 卦，你可以在 baantu.com 按下「曼陀羅」（Wheel）鈕觀看。同樣的，班圖雖然也利用太陽系中 13 個天體的位置來計算，但其實也無關乎卡巴拉（Kabbalah）或者天文學。我不建議將這些領域的任何知識混用於班圖之中。

班圖能揭露程式所帶來已然成為你一部分本質的影響力，同時也透露能讓你產生興趣的人格類型。其中最棒的特色就是，能表現出你與其他人建立了哪一種人際關係，以及你跟他們相處時的自在程度。班圖可以看出每一種人際關係都具有的四項基本元素：

●你受到他人性格所吸引的程度

●你與他人融洽的程度

●你激勵他人從事行為的程度

●你支配他人的程度

最棒的禮物
我們都是機器人！

班圖

如果班圖不是自助系統，那應該是什麼才對呢？「自助系統」是個矛盾名詞，意味著你可以幫助自己，但卻必須有其他人來告訴你該怎麼做，而且通常會提供他人的一套準則與指示來讓你依循。

班圖像是一面鏡子，能讓你更加看清楚自己的本質。當你看向真正的鏡子，鏡面上只會顯現出你的身體外表，不會對你的外貌提出看法，不會建議你該剪什麼髮型，或是教你怎麼洗臉。會說話的鏡子只存在童話故事裡，班圖並不會提供意見與指示，就像螺絲起子不會建議你該如何使用一樣，它只是個工具。

地球上沒有兩個完全相同的人類，每個人都有些微不同的使命，也因為每個人都具有獨一無二的 DNA，使得我們更具獨特性。生命中的一切，至少都在一定程度上是獨特的，這表示無論是我或者其他人，都不可能徹底了解你，或是能篤定對你最「好」的是什麼，就連宇宙本身也無法回答。而宇宙就是神，你有想過自己住在神的體內嗎？

先別想得太遙遠，神的意志就是「程式」，是由所有班水晶與微中子所創造出來的意識。程式掌控了一切的發生，

如果能更清楚窺見，程式到底想要幹嘛，不是很好嗎？

　　不管你現在有什麼想法，班圖並不是用來保證你可以擁有更好的生活，班圖無法給你承諾，沒有任何系統或任何指引能給你承諾。你是獨有的個體，所以也必須做出獨特的決定，並不是其他人或者班圖幫不上忙，而是你必須認清，你才是做出決定的人，也必須為此負責。但同時你得了解，肩負這項職責的並不只有你，程式對你有所關注，因為宇宙需要你，也會提供你所需要的助力，萬物彼此相互連結，你永遠不是孤單一人，所以不要絕望。大多數的人身陷絕望之中，只因為他們的期望落空，別重蹈覆轍，你要經過生命的洗禮，藉此發掘宇宙（程式）對你的期待。接著，你必須面對這條路上的重重挑戰，只求將自己的能力發揮到淋漓盡致，生命有時使你受傷，有時卻又無限美好，這就是人生，生命中的一切並不一定都能扭轉，痛苦也只是其中一環。班圖是突破性的嶄新哲學，是一門全新理論，探討生命的組織條理，以及生命中更宏觀層面上的運作模式，而這一切又將對你（個人的層面）帶來何種影響。班圖並非提供你捷徑，讓你從生命中快速獲得期望的目標，而是幫助你找到自己在更宏觀生物體中的位置，並與之和平共處。不是宇宙為你效力，而是由你為宇宙出力，如果你不了解這點，你的生命將滿是挫折。

　　假如班圖顯示你難以與某人建立關係，並不會告訴你要避開對方，但你自然會花比較少時間在對方身上，畢竟那不會有「效果」。

　　如果本命圖顯示你生命中的批判點是「感受」，就不會有任何指示，那類的資訊並沒有什麼用處，因為感受已經發

最棒的禮物
我們都是機器人！

生了。班圖是一面鏡子，能讓你用更透澈的眼光明白生命中的一切為什麼會如此發展，但最重要的是，能告訴你為什麼自己與其他人不同，又是如何不同。

另一個必須了解的重點在於，程式並非一成不變，你也一樣，你會不斷發現自己跟其他人的本命圖有所變化，也會發現自己並非恆久不變，有些日子你會充滿動力地投入某些事，但其他時候又提不起勁，你沒發現嗎？這就是我們在班圖中所說的**行星移訪**，你可以按下網站本命圖下方的移訪（Trans）按鈕觀看。或者你也能按下系統中個人照片下方的週期按鈕，包括 48 小時、一週、一個月或半年，本命圖中「動力」（Motivation）量表與活躍程度將會自動改變。

你知道每天有多少人會祈禱，希望上帝對自己說話嗎？如果上帝的話語遲遲沒有傳來，那本命圖應該就是接下來的最佳選擇。我總是要大家傾聽生命對自己說的話，而不是聽信自助書籍或所謂的大師。沒錯，生命會對你說話！生命會給你徵兆，會透過你的環境與你對話，也會從你的內在發聲。可是當你盯著智慧型手機上那些與你的生命無關的人所留下的評論或意見時，就可能忽略生命的聲音。即便這些人有數百萬名追隨者，他們也不知道對你最好的是什麼，那根本毫無意義。為什麼不當自己這場生命實境秀的主角？為什麼不發揮智慧，對自己的生命負起責任？盲目追隨其他與你生命毫不相關的人，其實不一定明智，你擁有獨自做出正確決定所需要的所有資訊，有時候光是一個「感受」就夠了，根本不必非要合理不可。

身體 & 心智

　　在本命圖中，分別有針對身體與心智的影響力，原因先前已經提過了，我們體內具有兩種班的分體，一種控制著身體，另一種掌握心智。在我們開始探討程式的影響之前，必須先釐清「**心智**」與「**身體**」在班圖系統中的意義。

　　歸類於心智類型的特性，屬於程式中影響你如何**使用心靈**的部分，包括思考、談話、觀看、溝通、記憶，以及學習，也包括你如何判斷，同時也左右著你會擁有哪些類型的想法，藉此塑造出你的目標，這些特性使我們洞見自己**為什麼**會以特定方法從事特定行為。

　　身體層面則是指不屬於心智的一切，其中大部分是關乎我們如何**運用身體**的影響力。本質上而言，是在探討我們將身體用來做什麼，但也關係到與物質層面有關的一切。心智的編碼或許能帶來想法，但關鍵在於我們的身體如何執行它。我們在生命中的多數行為，都是由心智與身體所結合而成。心智（在班圖中也稱為你的人格）通常會負責控制（具有概念），但也必須了解身體的能力以及可掌控範圍，包括身體的界限何在。舉例而言，身體可能對於與陌生人互動感到不自在或者懼怕，如果心智已經有此概念，身體或許就會自在

最棒的禮物
我們都是機器人！

地與已經認識的人共事，而不會冒險接觸陌生人。當然，心智會察覺身體的不適，並且在未來將經驗納入考量，這就是心智的學習方式。

我們將探討這些細微差異，好讓你明白程式對你的影響。先來小試一下，前往 baantu.com 網站，註冊並登錄之後先查看「簡易」頁面，在你讀完文字說明後，點選「簡易」按鈕切換到「圖像」模式。

程式可能透過**心智**的影響力，使你成為相當有自信的演說者，對於激辯毫不畏懼，但同時也可能透過身體的影響力，使你不善於肢體表現，因而害怕從事危險行為或認識其他人。我們本質中的一切都區分為身體與心智層面，就社會觀點上的推論，充滿自信之人會在身體與心智**兩方面**都自信滿滿，其實並不正確，由於這兩者來自於兩個不同分體（兩種班），所以可能呈現兩種極端，而許多人並不了解這點。

程式如何控制我們

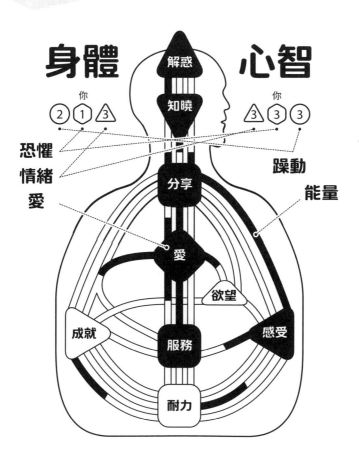

最棒的禮物
我們都是機器人！

利用班圖的協助，我們能看見程式巧妙地透過五項元素控制我們，其中四個層面是由兩個班水晶來掌控，另一個則是由磁單極控制。

　　這是影響我們動力的五種方式。

　　我們無法看見或理解這些水晶與磁單極在暗物質領域中的作用，我們只知道它們透過微中子相互聯繫，而且除了它們本身所蘊含的特質之外，太陽系中 13 個天體的位置也會對它們帶來巨大影響，你可以想成這些水晶與磁單極乘載了宇宙的「藍圖」。

　　在人類胚胎成形那一刻，就有一個班水晶開始在母親的卵子內建構身體，而第二個班水晶會在出生前三個月左右才抵達，開始建構心智。為了建構心智，大腦必須成長到一定的完整度。第一個班水晶與磁單極一同出現，而在身體死亡的時刻，也會一起離開身體。

　　兩個班水晶與磁單極控制我們大腦與身體中的化學物質釋放，這些物質左右了我們的心情、嚮往、恐懼、躁動，以及能量的程度。

　　我們可以從許多理性層面來理解班以及它們的影響力，而磁單極的領域則全然是個謎，那是愛的領域。當人類在日常生活中提到「愛」這個字，通常會有幾種不同的意思，但我們在班圖中所理解的「愛」，都是對於某種狀態或某個人的嚮往之心。不需要多做解釋，是磁單極的力量引導我們往正確的方向思考，那是無可抗拒的吸引力，無法用我們所理解的邏輯來解釋。

　　無論愛的中心是否啟動，磁單極都活躍於我們每個人的

體內，我們都能感受到愛的力量。

　　程式所使用的第二種控制機制是能量中心，有些人認為能量中心是用來表示一個人所擁有的能量多寡，這並不正確。能量中心並不是脈輪中心，而是讓我們了解，程式對於我們每個人所注重的主軸是哪些，假如我們不遵從這些主軸，就會切斷我們的能量流動，舉例來說，如果某些人「愛」的能量中心有啟動，一旦忽略了磁單極所引導的方向，能量中心就會逐漸切斷他們的能量。換言之，假如他們持續從事自己討厭的行為，並且與自己不喜歡的人相處，他們就會覺得能量枯竭，因為程式切斷了他們的能量供給。假如某些人的「愛」能量中心沒有定義，他們仍然知道自己所愛的是什麼，也會受到吸引靠近特定場所、活動與人群，但假如他們不「遵守」磁單極的方向，並不會因此切斷能量。

　　另外三種型態的控制力透過三種符號來表現，分別是三角形、六角形以及圓形。我們具有兩組符號，分別屬於心智與身體層面。其實我們有許多個三角形、圓形與六角形，位於圖像頂端（本質／你）的符號是來自太陽／地球的位置，屬於最主要的影響力，接下來位於圖像第二排（欲望／其他）的是第二層稍弱的影響力。後面還有些更弱的影響力，並未標示在圖像上，但都存在於班圖軟體裡，只要你按下「班圖」按鈕就看得到。

　　班水晶透過這三個符號控制我們的情緒、躁動程度以及恐懼程度，許多人都有錯誤的假設，覺得沒辦法變得更加快樂，這只是短期效應，就像驢子面前有根棍子綁了胡蘿蔔一樣，程式利用想變得更快樂的嚮往之心來控制我們的行為。

最棒的禮物
我們都是機器人！

你會在班圖中發現，對不同的人而言，能夠感到快樂的事物也不同，因為程式需要眾人受不同的動力所驅使，有些人比較願意犧牲奉獻，並從事他人較不喜愛的活動，因為他們主要的情緒調控中心不是「感受」，而是「成就」。

我們也會發現，每個人的恐懼程度不同。有些人天不怕地不怕，其他人則步步為營；有些人總是衝勁十足，無時無刻都在挑戰極限，其他人則傾向於輕鬆安逸。由於我們在身體與心靈兩種層面的主軸各有不同，有的人可能內心無所畏懼又閒不下來，但身體卻既被動又謹慎。

三種符號

　　本命圖中的三種符號各有三種可能的主軸，也就是說，你會在這些符號當中看見 1 到 3 的數字。

　　每個人會有兩組由三角形、六角形與圓形構成的組合（一組代表心智層面，一組代表身體層面），標示著「你」的這排符號代表自己的本質，標示著「他人」的這排符號則代表我們喜歡什麼樣的人。

　　你一開始看見自己的本質上出現六個符號，可能以為會有多達 729 種組合。但根據程式的運作方式，其實只存在著 114 種可能的組合。舉例來說，身體層面與心智層面的圓形中不會出現同樣的數字。再舉個例子，如果某人在心智這一側出現圓形 3，而身體這一側出現圓形 2，那麼心智這一側必定會有六角 3，而身體這一側必定會有六角 1。程式大概是如此運作的，世界上只會出現特定類型的組合。

　　三種符號分別代表：

三角形：情緒調控（快樂）

六角形：彈性（恐懼）

圓形：躁動（活躍程度）

　　別忘了，在心智這一側的三個符號，影響著你利用自己心智的行為，而在身體這一側的符號，則影響你利用自己身體的行為，跟其他人的心智與身體無關，只跟你自己有關。

情緒調控

　　本命圖左右兩側的上方，在「你」的標示下方會出現三角形，我們現在暫時先忽略「他人」的標示。程式的影響力可以區分成兩組，第一組由三角形與六角形所構成，用來評估你所經歷的事物。它們是你的意識，並且負責讓你在「好」與「壞」或者「愉快」與「悲傷」之間做出評斷，不過大部分時間都會介於兩者之間，它們透過不同的痛苦與愉悅程度來判定你的情緒。三角形與六角形的作用像是感應器，用來評斷你生命中所發生的一切，並且定義出你的舒適圈。

　　第二組影響力是圓形與人形圖案內的九大能量中心構成，用來表示你以能量為基礎的動力所在。三種符號（三角形、六角形、圓形）中的數字，負責掌管你在畢生之中都不會改變的本質部分。另一方面，代表你能量動力主軸所在的能量中心則隨時都會改變。

　　就從三角形與其背後的意義開始談起，你可以把三角形

最棒的禮物
我們都是機器人！

視為左右愉快或悲傷情緒的主宰，有趣的是，對於其他遇見你的人而言，他們首先見到的不一定是這個部分，通常會先注意到動力以及互動的種類。只有當他們深入了解你之後，才會了解你的情緒樞紐何在，也才知道你多麼容易感到受傷。

這裡有三種負責掌控你情緒的評斷結果（三角形），分別以數字 1 到 3 來表示。

無論你的三角形內是哪個數字，都表示這個數字所代表的主軸，對你而言遠比其他兩個數字的涵義更為重要，只要在可以選擇的情況下，你就會選擇這個方向，因為能夠讓你感到愉悅。如果你的主軸是**感受**，表示與**成功**或者**尊敬**相比之下，你會更重視**感受**。

可能主軸：
1―成功
2―尊敬
3―感受

成功

成功主軸是廣義的描述，代表能夠讓你在生命中獲得成功，或者更精確而言，讓你能夠改善境況的任何活動。這類型的人可能相當具有競爭心，無論是跟別人或是自己比較都很好勝，他們想要成為贏家，並且不計任何代價都要達成目標，他們可能勤奮工作而且紀律嚴明並喜歡艱難的挑戰。

三角形揭露的，是三種可能讓你感到喜樂或悲傷的主軸，它們控制了你的情緒。帶著成功主軸的人，生來就具有能為了成功而承受犧牲的特質，因為**感受**並不是優先考量，但這不代表這類人永遠不在乎自己的感受，只是能夠忽略感受。

你在各行各業中都會發現具有這些才能的人：體育表現、政治或商業長才，許多這類人將職涯擺在其他需求或者情感福祉之前，這並不是他們自己的選擇，而是程式加諸給他們的特性。為了達到成功，他們可以相當妥善地控制情緒，在適當情境中切斷情感。他們與**感受**主軸的人相較之下，看起

最棒的禮物
我們都是機器人！

來比較冷漠，對於特定處境不容易展現出同情心，但他們還是有所感受，只是比較少產生反應。

我們在本書中所探討的各個層面，都有「好」、「壞」兩面。你必須了解，某些人所認為的「好」，在其他人眼中可能是「壞」的表現。同樣的，放諸四海皆準的「好」是種迷思，並不存在。即便你試著當個「好」人，仍然會冒犯到某個人，我想表達的是，你耳朵裡聽起來很「糟糕」的事，對其他人而言可能反而相當正面。班圖並不是要對人貼上「好」或「壞」的標籤來加以評判，只是要告訴你，他們「為什麼」這麼做。

舉個例子，具有三角形 1（簡稱三角 1）的人，可能會讓**尊敬**（三角 2）主軸的人認為是在「作賤」自己，因為三角 2 的人相當在意他人的看法。三角 1 隨時都能為了在生命中達到成就，而從事不討喜、甚至有損形象的事物。某人認為「作賤」自己的事情，也可能在其他人眼中是「努力」或者「為成功而不擇手段」的作法。我的意思並非所有三角 1 主軸的人都是奴性至上，但即便有誰確實如此，你也能理解他們為何這麼做，他們比較不在乎別人的想法，不管別人對自己是否存有敬意，為了讓生活更上一層樓，他們願意接下「不討喜」的工作。

首先，我們必須判斷你的三角 1 主軸是出現在身體或心智層面，如果你在**心智**這一側具有「成功」特性，那麼你所花費的心思、你的所有言談，以及你的所見、所學、所想，都是受到成功的需求所驅使。三角形是用來衡量你能透過心理活動滿足成功主軸到什麼程度，它會做判斷。如果你耗費

了心思卻沒能帶來成功，你會開始感到悲傷，因此，對於改善生活無法帶來遠景的任何事物、任何人或任何處境，都會使你失去耐心。如果某項心理活動對於改善生活無法帶來實際價值，你就不想繼續瞎攪和，這些是很明顯的例子（但非僅限於此）：賺更多錢、擁有更多、在競爭中獲勝、找到更好的工作、升官、獲得事業上的成功，以及擁有「舒適」的生活。可以說這類人比較目標導向，沒那麼在乎自己的感覺以及他人的看法，當他們賺到許多錢，也不會藉由與所有人分享（三角 2 的人就會）來獲得喜悅。

當我們看到這項主軸出現在身體這一側（你的三角 1 可能同時出現在兩側、其中一側，或是兩側都沒有），我們要探討的是所有**身體**活動，也就是針對**行為**，而不是你的思維（談吐、思考、記憶或觀察）。是關於你利用身體所做的任何事，或是影響你身體的事物。你喜歡什麼樣的人，或是喜歡前往什麼樣的場所，這項重要特徵從物理（身體）層面或許並非顯而易見。

心智或許能提供概念，告訴你應該採取**何種**行為，但你**要如何**將概念化為實際的行動，還是需要靠身體層面來決定，這是心智所沒有的特性。

三種主軸可能基於不同原因，分別具有特定的健康問題或優勢，但彼此之間並沒有優劣之分。有些人可能主張：具有成功主軸的人因為想要追求成就，所以比較願意犧牲健康，但是其他兩種人也有其他缺點。沒錯，這類型的人可能會犧牲健康來追求成就，也可能是為了經濟因素，或者只為了想贏得運動比賽而有所犧牲。在此同時，如果他們體會到擁有

最棒的禮物
我們都是機器人！

健康的身體更可能成功，那他們也可能為了相同原因而開始
注重健康。

整體而言，並沒有哪一類型人的健康狀況優於其他人，
但第三類（「良好感受」類型）的人比較容易增加體重，因
為他們覺得沒必要為了形象或為了追求成功而受苦（挨餓）。

現在就上 baantu.com 網站搜尋幾個你認識的人，找些
例子來了解三角 1 是如何影響他們。

尊敬

　　你仔細看看 baantu.com 網站上的三角形，會看到上面有個小點，可以指出在本命圖中受到影響的區域。三角 1 指向「成就中心」，三角 3 指向「感受中心」，三角 2 指向「知曉中心」，當你在本命圖中用虛構線條連接這三大能量中心，就會形成一個三角形。

　　尊敬和心智相連結，心智主掌了判斷，對它而言「絕對」並不存在，它只能將兩種以上的事物相互比較，如果你只呈現一項事物給它，它會毫無頭緒。突然間，你會明白心智所了解的一切必定與其它事物有關，心智並不知道什麼是絕對的真相。

　　為什麼三角 2 會與心智相互連接，這是因為它透過心理判斷來進行評估，但這項評估卻又是來自**其他人**。具有這項主軸的人，極度在乎其他人對於自己的看法，而他們大多都希望其他人對自己抱持敬意。

 最棒的禮物
我們都是機器人！

獲得敬意的方式有很多，先別太快下定論。首先，你可能因為工作、知識或能力而受到尊敬；另一種方式是創造虛構的表象或形象，讓其他人對你抱持正面看法。我認識幾位三角 2 主軸的人，他們其實是大騙子，或者會掩蓋對於自己不利的事物。還有些三角 2 的人，會仗著具有權力的地位，強迫別人對自己懷抱敬意。當然，例子總是有「好」有「壞」。

　　你會發現有許多演員具有三角 2，當某人渴望掌聲時，你覺得是什麼原因？正是三角 2 這項主軸。受到觀眾的認可、讚美，以及令人愉悅的評判，能讓這類人感到開心，但假如他們未受到其他人的尊敬，也可能會極其悲傷，因為別人對他們的敬意左右了他們的愉悅感，所以他們總是想抓住能替自己贏得尊敬的事物。「裝模作樣」與「撒謊」畫上等號並不是巧合，演戲與撒謊之間存在著相似性。演員會隱藏自己真正的模樣，因為他正在扮演某個角色，為什麼要這麼做？因為他要藉此取得另一個人的特定反應。具有三角 2 的人認為，如果沒有觀眾，就沒有演的必要。你必須了解，假如具有三角 2 的人無法將成就或熱情展現給其他人，他們就失去了目標。有些這類型的人喜歡吹噓自己的成就，最後可能變成在炫耀自己，你會不會陷入如此處境，與你的不安全感有關，我們將在探討六角形的章節聊到這點。

　　當然，這項主軸出現在心智或是身體層面，同樣會有所差異。

　　出現在心智這一側時，會與我們利用心智所進行的各種活動有關，也就是說，當你談論或分享你的知識時，是想要獲得聽眾的尊敬，也代表你只想學習能讓你贏得他人敬重的

事物。光是你自己喜歡還不夠，你還時常需要其他人讚美你對某件事情相當拿手。當然，心智也負責掌管概念，任何能讓你獲得其他人青睞的事物，就是「好」的想法。

如果在某件事情上取得成功並且獲得大量財富，但是卻默默無聞，是無法讓這類型人感到滿足的，如果這類人必須在變窮或者變得聲名狼藉之間做出選擇，他們可能寧願選擇變窮。

假如看的是身體這一側，我們已經知道是與利用身體的活動有關，但這同時也影響著身體。對具有三角 2 的人而言，外表的重要性可說是不言而喻，每個人體現尊敬主軸的方式都不同，有些人著重於視覺表現，會試圖保持「俊美」的外貌或者「良好」的形象；有些人則著重於透過掌權和地位來獲得尊敬，他們可能是獨裁者、君王，或是事業體的所有人。有許多不同方式都能將敬意付諸實現，但它們都有相同的動機：想要其他人把自己捧在高位，希望別人以崇敬的心意看待自己。

有些演員的三角 2 出現在心智以及／或身體層面，假如出現在心智這一側，他們的動機可能是想學習扮演困難的角色或人物，藉此博得觀眾的敬意，這麼做能讓他們感到愉悅，同時，他們願意下足功夫研究各種艱澀、有時會令人感到痛苦的角色，甚至接受訓練成為演員，也是出於這番動機。我們都知道，成為演員並不保證能帶來成功或者財務上的收獲，具有三角 2 的人能夠投入，是因為他們最看重的並不是成功或金錢，他們的主要目標，是讓別人對於他們的作為抱持崇敬之意。假如演員在身體這一側具有三角 2，這也意味著會

影響到他們本身對外貌的要求，他們可以花費大把心力，透過鍛鍊身體、整形手術或嚴格節食，來讓自己看起來年輕貌美。

別忘了釐清與三角 2 無關的層面：與三角 3 不同，三角 2 並不注重「感覺良好」，所以他們能夠有所犧牲。而且孤獨的成功對這類人來說並不夠，三角 2 需要觀眾的掌聲，他們無時無刻都在注意自己對於他人的影響力，這也是左右他們在生命中感到悲傷或幸福的主因。

除了演員之外，你也能在許多舞者或者某些音樂人身上發現這項主軸，另外還包括各行各業的專業人士。雖然對音樂人（特別是作曲家）而言最常見的主軸是「感受」，但「尊敬」也是讓人成為樂器大師的強烈動機，就拿全世界最頂尖的吉他達人，艾爾 · 迪 · 米歐拉（Al Di Meola）來說，他具有兩個三角 2，要讓技藝達到他的境界，需要認真的練習與犧牲，而這是三角 3 的人所難以達成的目標，能讓迪 · 米歐拉感到愉悅並激勵他的，或許就是來自聽眾的讚美。

尊敬的另一種解釋或許是使他人感到「懼怕」，可以說是尊敬的「黑暗面」，貝尼托 · 墨索里尼（Benito Mussolini）也具有兩個尊敬主軸。

三角 2 主軸可以從許多方面來解釋，同樣的，請上 baantu.com 網站搜尋有哪些你所認識的人或是名人具有這項主軸，可以讓你更加了解，並且找到你自己的例子。想要學習並了解程式的影響力，最好的方法就是研究你所熟識的人，舉例來說，初學者常誤解只有三角 2 的人會進行整形手術，

但其實所有類型的人都有可能，或許三角 2 的人會有比較強烈的整形動機，但班圖告訴我們的是**為什麼**他們會這麼做，根據班圖的解釋，你可能基於三種原因進行整形手術：想要獲得成功、讚許，或是提升自我觀感。或者，你是在掩蓋不安全感（六角形符號內數字較小）。

感受

　　這項主軸使某些人將**情感福祉**（感受）看得比成功或尊敬更重要。

　　感受是「感覺良好」的簡稱，對於某些人而言是生命中最重要的事物，他們很希望能享受自我，藉此感到愉悅，其他東西都得排在後面。這項主軸是程式最晚加入的特質，沒錯，不只有你的電腦或手機需要更新，宇宙生命的程式也會更新！

　　最近一次的更新大約是在 200 年前，因此出現了「感受」主軸，也成為使我們感到快樂的元素之一。

　　審視我們的父母、祖父母以及普遍社會的價值，我們發現成功與尊敬在過去數千年以來都是塑造世界的主軸價值，而且影響力仍然持續發酵。長時間的努力工作會被視為美德，讓人留下深刻的好印象，而整天享樂則會讓人皺眉唾棄。社會大眾往往對願意犧牲奉獻的人給予鼓勵，為什麼？

如果你回顧置身於社會中的我們有什麼改變，特別是過去這 100 年來的變化，會發現我們愈來愈注重自身的感受，「感覺良好」的價值正在崛起，而且地位逐漸趕上其他兩大主軸。第三類群體的立場日漸鮮明，並且將「感覺良好」視為生命中的首要價值，如果無法獲得良好的感受，就算給他們世界上所有的錢也沒有用，他們不掩飾自身的信念，而且可能把甘願受苦以換取成功的人當作瘋子。事實上，他們並不喜歡困難以及有挑戰性的任務，而比較偏好能夠一帆風順並帶來樂趣的事物。

　　想像你是位成功主軸的家長，而你的孩子是感受主軸，整天都在玩電動玩具或是玩樂。想讓這類孩童整天上著無聊的課程，讓他們的能力受到行為所改變，進而在生命中獲得成就與保障，是行不通的。你不能以成功主軸的人可能懷抱的恐懼來威脅他們，也沒辦法在周遭鄰居已經對他們的行為指指點點時，還對他們說教，他們不太在乎別人的看法。

　　具有三角 3 的人，重視**當下**的自我享受，較不考慮以投資換取**未來**的報酬，尤其不喜歡長期的艱困與挑戰。你應該找到正確的誘因，讓這種孩子立刻獲得動機，而所謂的誘因只會是帶來良好感受的事物。即使他們必須從事困難的行為，也要縮短讓他們覺得有所犧牲的時間，並且以報酬讓他們再次獲得良好感受。你不能讓他們離開「感覺良好」的因子太久，否則他們就會放棄。如果過程中缺少樂趣，就算享譽盛名的長春藤聯盟大學能為生活開啟康莊大道，他們也不在乎，而且他們並不太注重因此而獲得的讚美或形象，重點在於生命中要時常出現有趣的事物，那他們自然也能獲得成功。

最棒的禮物
我們都是機器人！

感受主軸的人想要**立刻**吃掉眼前的蛋糕，他們不願意以犧牲時間來投資更大的蛋糕。他們與三角1或三角2的人完全不同，你可以明白為什麼有些人比較不合群，這類資訊構成了 baantu.com 網站上的人際關係星等評價，讓你了解與特定某人建立關係是多麼容易或困難。

就心智層面而言，三角3表示利用心智進行有趣或是讓你感覺良好的事務。同樣的，當中包含交談與觀察，還有學習以及理解，許多具有這項特質的人本身就很好玩，或者會在談話時掛著一抹笑容，他們不會在無聊的人事物上花時間，就算能帶來極佳報酬也一樣。雖然有些這類型的人可能覺得讀法律很有趣，但我覺得這種人不太適合讀法律。一般而言，你會發現具有三角3的人對於情緒變化有較強烈的反應，他們不太擅長隱藏情緒，算不上是最佳「演員」。

具有三角3的人，儘管一開始掛著友善的表情，卻很容易理智斷線，如果你干擾讓他們感覺良好的事物，他們就會怒氣沖天並且翻臉。「感覺良好」聽起來可能討人喜歡，但同樣也具有「壞」的一面（與其他特性一樣）。別忘了，成功與尊敬（他人的想法）對他們而言**並不是**首要考量，所以他們不會想控制自己的情緒，他們會被情緒牽著走，心情好的時候很好相處，當有人帶給他們不好的感受時，就會變得討人厭。與成功或者尊敬主軸的人不同，保障機制並不存在，在不對的時間脾氣爆發，因而壞了職業生涯，對感受主軸的人而言並不奇怪，誰說正直坦蕩一定能帶來最好的結果？

三角1及三角2在情感受傷時比較善於隱藏情緒，也基

於其他原因比較善於控制情緒，他們不會因為情緒不佳，就朝不對的人大吼大叫或在錯誤的場合發脾氣而毀掉職涯發展或者形象。他們不會老是把情緒表現在臉上，假如事情可能對他們不利，他們也會隱藏自己歡愉的心情，畢竟這樣可能會遭人嫉妒。

　　如果你在**身體**這一側具有三角3，你會想在生命中**從事**一些可以帶來良好感受的事物，以及認識一些提供良好感受的人。具有三角3的人是生命中的尋歡者，有些這類人並不把成功的職涯當作生命中最重要的事，如果缺乏樂趣更難引起他們的興趣。這類人不會一直注意腰圍，也不想為了成就、美貌或他人的讚賞而餓肚子，我不是說他們全都是胖子，但你會發現具有三角3的人，在吃下能帶來良好感受的食物時比較不在意外表。他們想要享受自我，他們要的是良好的生活品質，而不是長時間的折磨。對於討人厭或者乏味又無聊的對象與場所，他們壓根就不想接觸，他們也不想從事不好玩、困難又容易受傷的運動，簡而言之，他們想盡可能避免受苦。有些人可能會說他們過度敏感（別與不安全感搞混），你必須了解，**感覺良好**是他們生活的中心價值，痛苦則是大敵，能避就避。

　　話說回來，還有許多其他因子會影響你的行為，我們稍後再談。三角形只是關於程式影響力如何塑造你的第一章節，這些主軸並不是非黑即白。當然，一個感覺主軸的人也可能想要獲得成功，但透過程式帶來的影響力，他們也許深陷艱難的戰鬥之中，而且面對的難題遠超過成功主軸的人。我個

人並不會限制自己參與各種活動，但我明白某些事物對我而言比其他人容易，尤其當我與別人比較時更是如此。總歸一句話：我們要了解，你我都是不同的，每個人都不一樣。但雖然你如此獨特，不代表有哪件事絕對不適合你。

你喜歡的人

在本命圖中，有一排標示著「你」，下方則有另一排標示著「他人」。兩排都有三角形、六角形與圓形，但裡頭的數字可能不一樣。

我們已經從左右兩個三角形了解程式如何影響我們，顯示出有哪些特質大幅左右著我們的情緒，使我們感到快樂或悲傷。

當你檢視「他人」欄位的三角形時，它透露出你喜歡的是哪種人，也就是對你有吸引力的類型，也可以解釋成你對於哪些特質的人容忍度較高。在上一章節所認識的特質在這裡都適用，只不過這裡關注的不是你，而是其他人的特質。或許你在生命中最重視成功，但可能不希望身邊的人也整天把成功掛在嘴邊，而對其他事情毫不在意。或許你比較喜歡身邊圍繞著有趣（感受主軸）、在生命中不會只汲汲營營於成就的人。如果你在「他人」欄位具有三角3，表示程式透過他人來影響你，使感受主軸成為你生命中的一部分，這些關係其實沒有合理的解釋，我們不知道「為什麼」會受到具有這些性格的人所吸引，這一切都是為了有利於宇宙那個我們

最棒的禮物
我們都是機器人！

毫不了解的有機體。「他人」是形成生命格局的機制，程式將人類（以及所有生命）排列成不同格局，它讓特定的人們待在你身邊，而他們旁邊也會是特定的某些人。如果我們再拿體內細胞來比較，會看見細胞以相當獨特的格局成群排列。

我們會偏好與自己相似的人，這種認知並不正確，對某些人確實如此，但並非一體適用。班圖可以徹底分析，並且告訴你，你想要從其他人身上尋求什麼特質，但還不只如此，你也能知道自己所認識的人是否在尋求**你**所擁有的特質。

有個重點你不能忽略，你身處於哪些類型的人群之中，會對你的生命帶來實質影響力。

有兩件事情左右著我們的生活：我們本身的性格，以及我們所身處的環境。我們的環境（圍繞我們身邊的人）跟我們與生俱來的特性一樣，會塑造並影響我們。

想像你是個感受主軸（有趣）的人，如果你也偏好與感受主軸（跟自己一樣）的人相處，那麼與同樣是感受主軸，但交友圈充滿成功主軸的人相比，你們的生活會相當不同。

所以你在自己的本命圖中所看到屬於「他人」的特性，也會成為你的一小部分，因為這類人（與他們的主軸）比較常出現在你的生活中。

如果某人不具有「你」的欄位或「他人」欄位所顯示的主軸，你對他就沒什麼興趣，因為你既不了解、也不想尋求

對方的主軸。跟其他人比起來，這種人很快就會惹惱你。

心智

你

③③③

他人

①②③

　　拿我本身的例子來說，我的心智屬於感受主軸（三角3），但我比較偏好心智屬於成功主軸（三角1）的人，代表我欣賞的，是將主要心思花在追求成功，而非追求感受或者尊敬的人。我喜歡自律而且在生命中透過努力追求成就的人，而比較不偏好像我這樣只想要整天獲得良好感受，而且當情況發展較為不利時就選擇抽身的人，但我對他們還是能感同身受（融洽共處）。

　　我周圍受到成功所驅策的人影響了我，使成功也成為我生命的一部分，甚至成為部分的自我，因為他們帶來的影響，我可能會想努力地認真工作。

　　你也會發現上圖的兩個三角形中並沒有三角2（尊敬），無論在「你」或者「他人」的欄位都沒有（不存在我自己跟我偏好的人身上），所以我不會留太多時間給固執（或者「追求」）於尊敬的人。我完全不在乎別人對我的看法，也不希

  最棒的禮物
我們都是機器人！

望我周圍的人一直擔心別人對他們的看法，這對我的生命無關緊要。

記得留意圖中所沒有的數字，這代表你比較不喜歡或是不了解的特性，也表示這些主軸太過彰顯時會讓你覺得不舒服。

再次搜尋你所認識的人吧！你已經能在這個層面進行分析了。或許暫時先把書本放下，上 baantu.com 網站練習一下。問問熟人的生日，或者輸入你比較熟悉的名人，你可能曾經看過關於他們的紀錄片或者專訪。

我們到目前為止只談了三角形，不過你已經能透過它們在生命中的優先順序來認識別人了，多麼奇妙。但當你認識某個人時，三角形未必是最顯著的特質，它可能會埋藏在其他性格之下，必須多花點時間才會顯露。你首先見到的特質會在稍後章節中討論（例如圓形以及本命圖中受到啟動的能量中心），但對於其他人而言，三角形代表了他們生命的中心價值，因為它掌管了他們的愉快與否。至於能量中心雖然掌管我們的行為，卻無法控制我們的情緒，它們只會敦促我們採取行動、替我們指出焦點，也提供我們採取特定行動時所需的能量。

自信

　　六角形是我們感官的第二部分，也代表我們衡量福祉的標準。我們已經從三角形了解自己最重視的是三種主軸中的哪一類，因為這是我們感到愉快的關鍵。六角形則提供了我們額外的性格，當情勢不如預期時，它顯示了我們的彈性高低，以及需要多久才能復原。假如你的彈性比較低，代表你更為敏感、羞怯，而且自信心不足，換言之你會比較容易受傷，與其他兩種性格的人比起來，你的怨妒心維持時間比較長。

　　1—低（悲觀主義者）
　　2—中（現實主義者）
　　3—高（樂觀主義者）

　　別落入這三種主軸有優劣之分的成見中，對你而言，

最棒的禮物
我們都是機器人！

最好的就是你自己。你沒辦法改變你的六角形、三角形或圓形特質。假如你是敏感的人，你會比較容易受傷，彈性比較低，也比較脆弱，但正因為如此，你對於任何危險的警覺心比較強，這也是你比較敏感的原因；你也比較沒有自信，但別急著認為自信心低落就「不好」，你應該看見背後的優點是什麼，比如能夠察覺可能失控的事物，是相當有用的特質。

別抵抗自我，而是要與自我合作，了解你為何會如此，使你做出適當或是不當反應的關鍵又是什麼。我並不是要你避開或是改變任何事物，你可以順隨自己的意願，但現在你可以用更宏觀的體認來看待事物。你不會在漆黑的房間中盲目跟蹌，重點在於了解你與其他人不同的原因，我們原本就不是一個模子刻出來的。

比較敏感又容易受傷的個體，會想要讓自己遠離「驚喜」，他們比較無法臨機應變，會傾向掌握自己所接觸的人事物。在身體層面，他們不允許會對身體造成問題的人接近自己，如此一來就沒那麼容易受傷。具有高彈性的人不會隱藏自己。在心智層面，則和「敞開心胸迎接事物」的程度高低有關。彈性較低的個體，會確保自己不受到任何挑戰，而適應力高的心智，則不容易受其他人的想法威脅。

悲觀主義者

相較於其他兩種六角形主軸，六角 1 所具有的彈性與自信心最低，這類型的人很容易受傷，但同時也相當敏感，他們知道場面總是會失控，所以沒有安全感。他們不容易相信任何人或任何事，因此，他們開始在身旁築起一道牆，讓其他人無法傷害自己。他們相當重視隱私，也沒那麼好親近。六角形代表我們會讓別人靠得多近，如果你在身體這一側具有六角 1，你可能對於陌生人的擁抱或親吻感到不自在。

重要的是，你不應該將悲觀主義者視為問題或者讓你想要逃離的性格，如果這是你的六角形主軸，就把別人的閒話拋在腦後，沒有誰是「好」人、「壞」人，或者「有缺陷」的人，沒有誰的優缺點比較多。我們都是宇宙所期望我們成為的個體。我不在乎其他人「覺得」我應該怎麼樣才對，我不是別人的奴隸。

就如我先前多次提到的，我們在班圖中所判斷的每個特

性都有「正」「反」兩面，也透過我們產生不同體現，但不只如此：可能惹惱某個人的特質，或許會讓另一個人心生愉悅。

如果某人的彈性比較低，表示臉皮比較「薄」，稱不上堅強。我知道，聽起來好像他們感受到的痛苦比較強烈，但實際上並非如此，他們只是需要更多時間來克服，要經過更長時間才能恢復，他們不容易忘掉曾經發生過的事。具有六角3的人能最快克服痛苦，而六角1的恢復速度最慢。如果你比較敏感，與其他六角形主軸的人相比，你對待其他人的方式也會有所區別。你必須看看六角1出現在哪一側，如果是在心智這一側，你會很容易因為與心智相關的事物而受傷，包括談話在內，表示你對自己的心理能力缺乏自信，而且在受到攻擊時，你也對自己的談話技巧較沒信心。這與你實際的智慧或心理狀態沒有任何關係，你只是更容易察覺風險以及可能失控的情勢，這也是你會想完全避免特定情況的原因。

如果你在身體這一側具有六角1，你比較容易因為身體的行動，或者整體上與身體相關的事物而受傷，所以如果有人取笑你的身體，就算過了很久你也不會忘記。

具有六角1的人，有時候會難以忘懷仇恨。對某些六角1的人而言，生命中或許有某些事件造成嚴重創傷，使他們永遠無法走出陰霾。要他們「有自信一點」，可能是最糟糕的建議，他們沒辦法提升自信，你那樣建議等於是叫他們忽略危險，害他們傷得更重。他們保護自己的方式就是不讓其他人接近、不被牽扯到各種使他們不自在的事物，這麼做其實沒問題。即便他們受到嚴重創傷，還有心理治療能夠幫上忙，

但假如他們想要躲起來，就讓他們躲吧，這並不代表他們永遠不會探出頭，只是他們想要選擇讓誰能夠接近、觸及自己。他們想要在別人接近之前先「過濾」人群，特別是潛在的麻煩人物。他們並不如六角 3 的人這麼開放。如果他們已經神經質到令人無法忍受，最好的辦法就是讓他們覺得萬事俱全，而且安全無虞。

當某人受傷時，並不只是身體上的傷害（發生意外），也包含情感上的創傷，就像受到排擠的時候，有的人或許擁有高彈性的心智與低彈性的身體，這代表他們不容易受到利用心智所進行的事物所傷害，他們可能會因為講錯話惹來麻煩，或是別人說他們很蠢，不過這些對他們的影響不大。但如果在身體這一側具有六角 1，表示他們極度敏感，很容易受到與身體、肢體動作或物質層面相關的事物所傷害。這類人的（身體）舉動或許相當保守，但仍然能夠大膽地思考與交談（心智）。

同時檢視三角形主軸以了解你的彈性與哪些事物相關，這點很重要。六角形與三角形的關係**密不可分**，成對運作。如果你的三角形主軸是成功，那麼具有六角 1 代表失敗對你的打擊很大。如果你屬於尊敬主軸，當別人對你的看法不佳、讓你丟臉或是對你失敬，你很容易因此受傷。所以六角 1 的作用在於確保這種人不會接近自己，六角 1 不輕易讓所有人觸及他們，只有被挑選過的少數個體才能獲得恩准。

只要你看見六角 1，表示「恐懼」是此人生命中重要的一環，別將這點當作問題看待，而是使人作好萬全準備的誘

因。如果你具有六角 1，那麼恐懼在你的生命中占有重要地位。

　　具有六角 1 的人總是擔心個沒完，這就是他們的個性。如果出現在心智層面，表示他們會擔心自己所說的話；出現在身體層面時，代表他們會擔心自己的行為。當然，他們一樣會擔心別人對自己所說的話以及所做的事。

　　稍後我們會聊聊幾個有趣的例子，受到憂鬱症或酗酒與吸毒問題所折磨的人並不少見，因為他們被迫面對尚未準備承擔的處境。生活在大眾眼皮底下的著名藝人特別容易受到「臉皮薄」的問題所影響，可能會因此將不自在與恐懼感訴諸於毒品與酒精。

　　同時，有些偉大的詩人、作曲家與歌手具有高度敏感性與天賦，能夠以美妙的方式將自己的折磨與苦難分擔出去。你可以了解我們為什麼如此鍾愛他們的創作，但你也看得出來，他們多麼容易被名聲給壓垮，畢竟他們有時候並未強韌到足以承擔事業。

　　我並非在影射六角 1 的人比較可能酗酒或者吸毒，他們不是這種人，但你可以了解為什麼其中有些人會這樣。並非所有喝酒或者吸毒的人都曾遇到問題，某些人其實只是覺得好玩，結果就上癮了。對具有六角 1 的人而言，那或許跟某些三角形主軸的創傷有關，但即便是具有三角 3 的人也可能受傷，沒有誰能刀槍不入。六角形與三角形可以指出傷人最深的原因，而且通常是跟物質的濫用有關。有些人感到憂鬱時會將創傷往內吞，有些人則會發洩在他人身上，我們都有一套處理創傷的方法。不過三種六角形主軸都有各自的臨界

點，具有六角 3 的人只是恢復得比較快，也比較容易遺忘。

有些六角 1 的人可能比較不擅長與現實世界共處，兩側都有六角 1 更是如此。當然，主要還是取決於各自的生命軌跡與環境。

再次重申，並沒有人可以讓自己更具彈性，唯一有用的方法是提供工具，讓他們能透過避免危險與導火線而更有安全感。心理諮詢與治療或許有助於排除某些深層創傷，但可能很困難，諮商師需要有高度的訓練與付出大量心力。六角 1 一旦受到創傷，傷痕會長時間留存，我知道有方法能幫助他們，但我的重點在於：試圖幫助他們成為無法實現的角色，只是徒勞無功，如果程式讓某人具有敏感性格，就會一直敏感下去。

讓他們遠離不健康環境，並幫助他們克服造成創傷的過往，才是最佳方法。

兩側都有六角 1 的人會使周圍的人感到苦惱，大家都覺得必須隨時戰戰兢兢，因為無論說了什麼或做了什麼，看在六角 1 的人眼中好像永遠都不對勁。

因為這類人大多會在身邊築起高牆，或是難以信任別人，所以在生活中的許多時候只能與孤獨相伴，倒也不稀奇，這通常也符合他們的期望，所以你不必為他們感到悲傷。

如果某人比較敏感，通常也會以更高的敏感度來對待他人。如果六角 1 是在心智這一側，你對於自己說出口的話會比較敏感；如果敏感主軸是在身體層面，則會對於自己對待他人的行為比較敏感。

六角 1 的人具有最強烈的羞恥心，而六角 3 的人則幾乎不會感到羞愧。如果是在心智這一側，就是關乎你所說的話；如果出現在身體這一側，則是與你的行為以及呈現身體的方式有關。

另一項有趣的觀察，具有六角 1 的人喜歡熟悉的事物與人群，這是理所當然的，因為熟悉的東西或人帶來的風險比較低，正好符合六角 1 的偏好。他們喜歡熟悉勝過於陌生。我曾見過幾位六角 1 的人，都喜歡看老電影，這就不太符合我這種六角 3 心智的喜好。我比較有冒險心，而且興趣很廣泛，我總喜歡探索新的事物，我的內心喜愛驚喜。身體層面具有六角 3 的人很愛認識新朋友，而六角 1 的人或許偏愛與熟識的人相處，「熟悉度」對於六角 1 主軸的人很重要，假如他們發現哪些事物很對胃口，可能一輩子都不會放手。

我在身體這一側具有六角 1，討厭吃我不了解的事物，但我很樂意享用少數我所熟悉的食物，好像一輩子都不會膩，我並不需要太多變化。

你可以發現，無論我將心思花在什麼事物上，我都喜歡驚喜與新的花樣（我不害怕自己不了解的事），但如果是關於身體或是會影響身體的事物，我反而偏愛以往所熟稔的選擇。

現實主義者

接下來要討論的這類人，與六角 1 的人相比，有著更充足的準備去面對失敗與他人的打擊。這種人比較堅強不容易受到創傷，但也了解自己的極限所在。跟六角 1 的人相比，他們更能從容且輕鬆地面對失敗與批評，不過也並非所向無敵，還是有些事情他們應付不來。可是正因為他們比較不會怕東怕西，所以比六角 1 的人容易親近。他們不會過度隱藏，就連時常讓六角 1 感到渾身不對勁的社交媒體，他們也毫不畏懼。

他們既非六角 1 這種悲觀主義者，也不像六角 3 那麼樂觀主義，而是介於中間，屬於我所稱的現實主義者。他們會從實際的觀點來看待生活，並不會老是杞人憂天，也不會一直做白日夢而把工作拋在腦後。他們會察覺風險與危難，但不會因而動彈不得。他們有自信，卻不會自信過頭。他們不會逃離任何事物，也不會對任何事都躍躍欲試。對於說出口

最棒的禮物
我們都是機器人！

的話以及想要或不想參與的事物，他們都有所選擇，而且幾乎達到算計的程度。

同樣的，「現實主義」或許聽起來像是比較「好」的妥協手段，或是相對比較「好」的六角形主軸，但其實與其他兩者也沒有優劣之分。你無法改變自己的彈性，也沒辦法讓天性敏感的自己強韌起來。我們並非要透過班圖改變自我，而是要讓你體認自身的特質，使你更了解為什麼自己會在特定處境中產生特定反應，為什麼與你認識的其他人有所不同。假如你試著改變自我，可能使你遭遇挫折，而且只會讓問題加劇。相反的，你應該想辦法與真正的自我攜手合作。

你的自信程度與療癒所需要的時間，都是你無法改變的特性。如果你是六角 1 主軸的人，你唯一能做的就是讓自己遠離傷害，藉此排除生命中的危險，但這並不會提升你的自信心，而是透過盡可能排除威脅來管理恐懼，這才是最重要的。六角 2 是最實際的主軸，這類型的人不會太偏執，也不會過於樂觀地看待生命，似乎總能夠做出理性的決定。

正如先前所說，如果你在心智層面具有這項主軸，表示你對於與心理能力相關的任何事物，都能從實際角度來面對批評或者檢討失敗。作為發言者的你自信程度適中，而且就自己在發想與智慧上的能力而言，你也很實際，你不會在場面失控的時候轉身就跑，但或許也不會想面對「燙手山芋」，你可能抱持開放的心態，讓某些特定的人能挑戰自己。你不會像六角 1 的人，試圖讓每張苛薄的嘴閉上，你會豎起耳朵傾聽其他人想說的話，但只能到某個程度為止。你能承受的還是有限，如果過了頭，你就會覺得嚴重受傷，或是想在場

面一發不可收拾之前離開現場。

在身體層面也一樣，你可以在某種程度上處理與身體相關的非議，這使你的彈性勝過六角 1 主軸的人，而且面對其他人時也不那麼偏執。你跟六角 1 的人相比，對於自己的身體與外表更有自信，但不會像六角 3 主軸的人，覺得自己完美無瑕，你還是相當明白缺點與極限所在。

別忘了，六角形主要是決定你能讓其他人接近的程度。彈性較低的人，需要完全掌控讓哪些人敲開自己的心房，他們並不信任任何人或任何事，需要最大程度的保護。六角 2 對於掌控全局的需求比較低，但也並非來者不拒，他們能夠面對特定程度的意外，但也並非照單全收。六角 3 的人則是完全不擔心，也不會「過濾」人群，他們對所有人敞開心胸，也對所有事物張開雙臂。

你可以明白為什麼六角 2 的人有時候看似比較勢利，因為他們只讓特定族群接近，而將其他人拒於門外。六角 1 幾乎排斥所有不熟悉或者伴隨風險的事物，就像一道窄門，反觀六角 3 就像沒有門一樣，可以應付一切事物。另一方面，六角 2 的人有所選擇，只對特定的人事物敞開胸懷。六角 2 具有盤算的特性，有些人可能稱之為「風險評估」，在其他人眼中又叫作「勢利眼」。在六角 1 對於大多數陌生事物說「不」，而六角 3 幾乎對一切都說「好」（藉此了解到底怎麼一回事）的時候，六角 2 可能只告訴你「或許吧、看情況」。

最棒的禮物
我們都是機器人！

樂觀主義者

接著我們要聊聊最有自信的族群，他們不知道什麼叫作恐懼，也不容易受到威脅。當然，在某些處境中的「優勢」，也可能在其他情況中把你「害死」，他們完全無視於某些危險，你可以稱他們為夢想家。同樣的，跟其他六角形主軸一樣，這無關於智力或者能力上的優劣，但假如有誰可以讓夢想成真，那非他們莫屬，因為他們不怕失敗，在生命中擁有遠大抱負。

你覺得自己充分準備好面對各種處境與人群了嗎？或者你偏好侷限在某些特定範圍中，讓自己能夠掌控即將面對的一切？六角 3 主軸的人覺得自己蓄勢待發，足以迎接生活上即將面臨的各種衝擊（字面上看來是誇張了點）。同理，你必須看看六角 3 是出現在身體還是心智層面。六角 1 與六角 3 主軸的人，看在六角 2 的人眼裡都有點不切實際。

六角 1 主軸的人總是杞人憂天，而六角 3 幾乎不怎麼擔

心，他們不覺得有什麼事情會出差錯，這讓他們成為樂觀主義者與夢想家。當他們受傷時，能夠以不可思議的速度快速恢復，而且總有辦法從「泥淖」中快步向前，迅速振作起來。

理所當然，我們都可能有心理與身體層面的「瓶頸」。六角3主軸的人，對於任何人都很難有長時間的嫌隙，至少在利用心思所進行的事物方面是如此。他們不會輕易失去沉著冷靜，面對可能導致嚴重指控或人身攻擊的激辯時，也不會轉身逃跑。他們不太會感到威脅、也不會試圖壓抑他人的聲音，不躲藏，而且隨時都在備戰狀態。他們明白，要分辨心智與身體層面的差異，與別人是用言語或行為來傷害你無關，而是關乎於攻擊你的部位。你受到攻擊的目標，是與你利用身體進行的事物有關嗎？或者是關於你利用心智所進行的事物？假如你在身體層面的彈性很高（身體那一側具有六角3），而有人對你的身體或是你利用身體進行的事物厲聲批評時，對你造成傷害的時間並不長。但假如你在心智層面具有六角1，而別人又取笑你的想法很「愚蠢」或開你說話方式的玩笑，就算過了很久你也不會忘記。

當然，沒有人喜歡受到攻擊，但與其他六角形主軸相比，六角3很快就能克服傷痛，與其他人相比恢復得更快。

談到身體與心智敏感度的不同組合，可能得多花點時間熟悉。

身體　心智

你　　　　你
②①△　　△③③

最棒的禮物
我們都是機器人！

就拿我當例子，我在心智層面擁有最高的彈性（3），但在身體層面的敏感度（1）最高。

當別人取笑我的身體或是批評我喜愛的運動，我很容易受傷，我不擅長處理在身體能力或行為上所受到的批判，這使我吝於表現肢體，但我在心智層面正好極度相反，這方面我完全不擔心。我從不覺得自己的心智毫無防備，而且總是認為我能夠解決任何事，當別人對我的想法或者話語激烈爭辯時，我從不害怕，這並不表示那是什麼愉快的時光，但我很快就能恢復，不會在當下就此僵住。當與我心智活動相關的爭論白熱化時，我反而會因此受到激勵，不會逃避。但如果關係到我的身體能力，我就很容易膽怯。

我是充滿自信的公眾發言者，「面對現場」嚇不倒我。但我不喜歡別人在身體上毫無限制地接近我，他們可以挑戰我的心智，但我不會讓大部分的人靠我太近。我在距離上有所保留，不喜歡與別人見面或讓人登門拜訪，除非我也想見對方，我很注重隱私。六角 1 主軸的人就像隱士，我不讓太多人接近我，也不喜歡太多肢體接觸，喜歡在身體上保持距離。但六角 3 主軸的心智並沒有太多祕密，這與隱不隱藏無關。在身體層面具有六角 3 的人也一樣，他們很少或幾乎沒有肢體上的界線。

六角 3 主軸不只代表本身的敏感度較低，他們的行為也是如此。在心智層面具有六角 3 的人，可能對其他人說出乍聽之下容易讓對方受傷的話，你可以說他們大嘴巴，因為他們可能很粗魯。身體層面具有六角 3 的人，則可能做出粗線條的行為，讓其他人乍看之下覺得渾身不自在，也可能受到

刻意解讀。如果你具有六角 3 主軸，而某人具有六角 1，你很可能會讓對方感到受傷，或覺得你是個大老粗。但是就整體互動而言，還是要看對方在「他人」欄位的六角形，可以透露他們對哪種人的容忍度比較高，又無法忍受哪種人。基本上，你能理解跟自己一樣的人（與自己具有相同號碼）並且感同身受，但能夠讓你忍受與讚揚的人，則是擁有在「他人」欄位號碼的人。

　　因為六角 3 主軸比較不怕出差錯，所以事前不會做太多準備，而是傾向於臨場發揮，他們只會準備開場，之後就看著辦。六角 1 主軸的人，要不是萬事俱備，就是毫無準備，他們偏好與熟悉的人事物相處，藉此將失敗的風險降至最低，也能替自己省去冗長的準備工作。六角 2 主軸的人，只會準備到合理的程度，而且很少過度備戰，他們不會腦袋空空地來，卻也不至於對所有可能的場面都戰戰兢兢，因此能在一定程度上即興發揮。六角 3 主軸的人則完全不需要腳本，任何情況都難不倒他們。

　　而這不只關於你準備多麼充分，更關係到你會多早開始準備。具有六角 1 的人最早備妥一切，六角 2 主軸的人會在適當時間點著手，具有六角 3 的人則非得到最後一分鐘才動手準備（甚至毫不準備）。假如這項任務看起來太過嚇人，六角 1 主軸的人甚至連試都不試，而六角 3 主軸的人比較喜歡「試試看、走著瞧」的橋段。

最棒的禮物
我們都是機器人！

躁動

　　圓形關係到的不是意識，也不是你的情緒，而是你的能量與活動力。與其他符號一樣，圓形也有三種能量層級，類似於足球（不是美式足球）比賽中的球員，我們有負責攻擊的推進者，他們有遠見，會發起並試圖控制賽局；接下來是防禦者，他們會對事物做出回應，等待事物上門後才有所反應；另外還有中場球員，屬於回應與攻擊之間的橋梁，他們等待著機會，與六角 2 主軸相似，總是騎牆觀望，所以會有所選擇。

　　1—反應者（被動）
　　2—機會主義者（選擇性）
　　3—發起者（主動）

　　有趣的是，沒有人會在身體或心智層面具有相同的互動

「類型」，也就是說，沒有人在兩側的圓形會是相同號碼。如果你在心智層面是發起者（圓形 3），在身體層面就不會是發起者；假如你在身體層面是反應者（圓形 1），那心智層面就是其他類型。

反應者採取靜觀其變的手段，等待著生命中的事物上門並揭示生命旅途的方向，也等著其他人將可能性送上門。

正好相反的是發起者，希望能掌控全局而且有所期盼，他們明白自己的期望並起身追尋，討厭別人對自己發號施令，想要掌握自己的命運。

反應者會張開雙手迎接邀請與建議，但別誤以為反應者在人生中不會有卓越成就，唯一的差異在於，有些人會在人生的後半段表示：「我從沒想過會變成這樣！」而發起者則可能告訴你：「我早在 15 歲就找到目標並且邁開腳步了！」

發起者極度想要掌握自己的方向，但正如我所說過，造物者不會讓人同時在心智與身體層面都成為發起者。你的生命編碼必定使你在某一側的掌控能力較高，而在另一側讓你善於接納，藉此探索命運的指引。

圓形數字分別是 2 與 3 或者 3 與 2 的組合，一般來說衝勁比較強，如果是 1 與 2 或者 2 與 1 的組合，則是最被動的類型。

最棒的禮物
我們都是機器人！

反應者

比起攻擊或者發起，圓形 1 主軸（反應者）的人比較偏好被動反應。他們不喜歡打擾或麻煩別人，而是耐心等待其他人找上門，不會主動出擊。他們的人生態度比較被動，也不會提早做好人生規劃，而是等著讓人生來指引路途。他們不會一直驅策自己，通常也不想扮演帶頭的角色。他們不是發起者，也不喜歡激勵別人或突然提出點子來鼓動他人。相反的，他們喜歡受人請託或接受邀請，等待適當的邀請或大放異彩的時刻到來，對他們來說不是問題。但他們並不會像圓形 3 主軸（發起者）那樣不請自來，或是成為不速之客。

一般而言，除非你先找上他們，否則反應者並不喜歡麻煩或打擾你。他們不是攻擊者，而是負責做出回應。他們可能會在防守階段採取主動，但還是取決於他們的六角形主軸（敏感度）。

一如往常，我們具有心理與生理兩種元素，分別來自控

制我們的兩種班水晶。當你的心智層面屬於反應者主軸（圓形 1）時，你不會無緣無故以話語來打擾其他人。你不會利用心智來發起行動，也不想說服他人認同某種想法，除非其他人詢問你意見，或是請你發聲。

身體層面的反應者主軸（圓形 1）則是相對應的生理模式，並不喜歡主動與他人有肢體接觸，他們寧可讓對方先出手，再做出回應。他們比較少嘗試掌握命運，反倒願意觀察生命所帶來的一切。他們會讓自己蓄勢待發，但別人是否容易「找上門」，就取決於六角形主軸。感覺起來，他們需要受到三顧茅廬般的邀約，才會開始挪動身子或進行與身體相關的行為。

要一探反應者的潛力，主要仰賴環境，以及能使他們現身的誘因。如果你不主動詢問，就永遠無法了解他們的實力，這不盡然代表他們不知道自己想要什麼，他們或許有所見地，但時間點以及行動的時機才是關鍵，就這點而言，他們挺順應人生的步調。被動，並不表示一個人駑鈍憒懂或無所區別，反應者比較像是供人飲用的水井。

機會主義者

機會主義者相當擅長扭轉乾坤，與足球比賽的中場隊員相似，他們能夠顛覆球的動向，不過一轉眼工夫，他們就能從被動化為主動。

機會主義者能夠耐心等待，但相較於反應者而言，他們並不是在等待邀請，而是等待機會。他們是觀察者，凡事有所選擇而且不停盤算。與六角 2 主軸很像，但他們並不是評估風險，而是評估前途。

就拿我當例子，我在身體層面具有六角 1 與圓形 2。

身體

我注重隱私，而且不容易與別人有肢體接觸，只對於極少數人例外。如果陌生人上門或是接觸我，會使我感到不自在。我並不喜歡別人給我「驚喜」，也討厭「被迫」面對其他人，我想完全主導能讓哪些人接近我，我喜歡有一定的距離，這是我遠離傷害的方式，因為我的彈性比較低（六角1），所以我害怕肢體互動，也容易杞人憂天。我不會盲目信任別人、生命，或者我的身體能力。

　　但當我們看到圓形主軸時，我並不會呆坐著等待邀請。我是機會主義者，喜歡在一定程度上掌控自己物質層面的命運。但我討厭麻煩「不對」的人，不想浪費時間在不對的事物上。一旦我對於面前的機會感到滿意，我就可能接受邀請，甚至主動出擊。然而我時常給人極度被動的印象，好像只會枯等，可是一旦機會上門，當足以觸動「開關」的時機到來，別人就會對我的積極以及充滿決心的動力感到驚訝。

最棒的禮物
我們都是機器人！

發起者

接下來要談的，是希望能掌控全局的類型，他們不想等待生命，把鑰匙交到別人手上，也沒什麼耐心，一旦他們設下目標，就會試圖達成目標。他們會主動追求事物，但可能會用不同的方法，端看他們的自信心（六角形主軸）來決定。

發起者永遠處於「攻擊」模式，他們一直試著「推銷」什麼給你。如果他們在心智這一側具有圓形 3，則可能會將他們的遠景、計畫或看法推銷給你，而不會等待邀請或是坐等對的時刻到來。與另外兩種主軸相比，他們可能時常打擾其他人，毫無來由地告訴別人自己的遠見、行程或想法，無論對方想不想聽都不重要，他們看起來總是有點沒耐心，甚至可能到咄咄逼人的程度。

如果圓形 3 出現在身體這一側，表示他們會利用身體來發起、催促與「攻擊」。他們是冒險家，想要放眼世界，他們可能起床後就選定某個地方，接著立刻動身前往。他們是

旅行家，他們不想等待邀請或者機會上門，而是想完全掌握生命所引領的方向。他們也會督促其他人，以言語化為動力，敲開其他人的心門。他們明白目標何在，也會想辦法達成目標。但他們很討厭聽別人告訴自己能不能這麼做，或是該怎麼做才對。就像心智屬於圓形 3 主軸的人一樣，他們並不想聽見其他人對自己的想法或說法發號施令。

他們不一定是最佳的傾聽者，除非你要說的話與他們本身的計畫相關，因為他們忙著發起一切，並不想要分心偏離自己的軌道。他們在傾聽時沒什麼耐心，而且通常只是想逮到機會說出自己的意見，假如一直沒機會，還會索性扭轉話鋒。

當你瀏覽社交媒體時也一樣，有遠見的人會發表言論，並且張貼各種內容，接著會有其他人對事情發表意見並回覆貼文，有點像足球比賽中的防守方與進攻方。具有圓形 3 的人並不想因為回應而牽扯太深（除非與他們想發起的事物有關），畢竟那會使他們無法專注於自己的目標。

圓形 3 主軸的人可能很熱切，因為他們從來不想等待。當然，任何發動「攻擊」或推動事物的人，都冒著受人排斥的風險，而六角形主軸將決定他們的蠻橫程度。六角 1 主軸的腳步比較輕，但仍然會發起攻勢，他們可能會先確認有哪些失敗的可能性，或者先做好萬全準備，但他們還是會發起行動，不會等著風向變得對自己有利。六角 3 主軸的人並不擔心失敗，他們會對**所有人**表達自己想說的話，也不管是否能夠取悅對方。心智層面有兩個 3 的人（如下圖表示的心智

最棒的禮物
我們都是機器人！

主軸）是最有自信的思想家與發言者，他們最為敞開心胸，卻也會在必要時最積極爭辯。他們不會隱藏想法，而且也會在需要時出手干預。他們具有想法或遠見，而且不會因為有「退而求其次」的機會而感到滿足。他們對其他人的遠見沒什麼興趣，想提供建議給具有六角3的人，還不如建議六角1的人比較容易，只有與他們當下所忙碌的事情相關時，六角3主軸的人才會想聽。

心智

你

　　來看看我的完整資料（包括三角形），使我感到愉悅（決定我的心情）的主軸是感受，所以利用心智並透過言語獲得良好的感受或樂趣，對我而言相當重要，而達成目標（三角1）或者別人對我的看法（三角2）相對沒那麼重要。你同時也能開始了解，如果有人很乏味或者讓我感覺不佳時，我會有什麼反應。就心智層面（六角3）而言，我並不是最敏感的類型，所以我可能有點粗魯或直言不諱，我不常壓抑自己的看法，身為有趣（三角3）與無懼（六角3）結合而成的發起者，可能讓我愛挖苦人，這是能帶給我諸多樂趣的事，卻可能傷害其他人，有時候我甚至不知道自己已經傷害了人。而且我也會為所欲為，因為我是發起者，我可能在你說話時打岔，講個冷笑話，不少人知道我會因為擅自批評而得罪人。

具有六角 1 的人很容易被我這種人所傷害，除非他們在「他人」欄位具有跟我一樣的數字，代表他們能夠容忍我的行為，甚至會因為某些奇怪的原因而受到吸引。幸好，我在身體層面的差異很大，這讓某些人鬆了口氣。所有在心智層面具有六角 3 與圓形 3 組合的人都是如此，他們在與身體相關的行為上都相當敏感，而且一定具有六角 1 主軸。

在身體層面，圓形 3 主軸善於在生理上對人事物展開「追求」。當然，在身體這一側同時具有六角 3 與圓形 3 的人最有自信，但容我重申：最有自信的人不一定能獲得最佳成果，別落入「具有愈多 3（六角形或圓形）就能在人生中愈有成就」的誤解中。

有些人（也取決於在「他人」欄位的六角形與圓形主軸）可能會覺得某人過度自信，或是一直處於「攻擊模式」而令人極度不悅或感到粗俗。身體層面屬於圓形 3 主軸的人，對於物質層面具有極高的期望，他們知道要透過身體達成什麼目標，而且不會坐等邀請上門，而是主動找尋場合**以及**對象。許多這類人時常旅行，有些則是很成功的方程式賽車手。當然啦，例子還有很多。

他們的共通點在於想要掌握並設定步調，根據圓形 3 所在的位置不同，他們可能會針對思考、說話，或是身體上的行為來確立步調與方向。這兩種都是很厲害的引誘者，兩者都具有計畫，而且都需要處於掌控的地位。最重要的是，他們非常執著，他們對其他人傾聽或者付出注意力的程度，也有很大程度取決於能量中心所在，我們將在本書稍後加以探

討。

　　圓形 3 並不會同時出現在某人的身體以及心智層面，程式不允許這種組合或結果。我猜那就有點太超過了！沒有人在兩側的圓形會出現相同數字。根據我的觀察，我發現在心智層面具有圓形 2，並且在身體層面具有圓形 3 的人，相當擅於吸引人。有些人的緋聞不斷，有些人則是推銷高手，從保險、不動產到車子都能賣，他們會從心智與身體兩方面朝你下手。他們是生理上的發起者，也是心理上的機會主義者，能體現這種特質的例子也有很多。

　　在心智層面具有圓形 3，而身體層面具有圓形 2 的組合就不同了，他們不太會打開生理的大門，但在心理的國度儼然是冒險家，富有點子與想法。

　　圓形 3 主軸的心智總是會把想法脫口而出，你可能會說他們很愛抱怨，六角形主軸決定了他們在說話時的粗魯以及挑釁程度。

　　身體主軸是圓形 3 的人，行為時常使人困擾，而圓形 3 的心智則是常因為想法與點子讓人煩惱。

　　這些結果各自差異的格局使人著迷。與世俗的認定不同，這些組合的態樣並非無窮無盡，如我稍早所說，每個 3 ／ 2（心智／身體）組合的心智發起者／身體機會主義者，必定具有自信（六角 3）的心智與不安全感（六角 1）的身體，但 2 ／ 3（心智／身體）組合的人並沒有這種侷限，只有 3 ／ 2（心智／身體）的人才會必然如此。就數據而言，3 ／ 2 組合的人也比較罕見，只有大約 2.6% 的人屬於 3 ／ 2 組合，而 2 ／

3 組合的人卻高達 34%。此外，3 ／ 2 組合的人在心智層面也會有兩個 3（六角形與圓形），使得他們在說話時就像個充滿自信的夢想家，但可能在身體層面具有六角 1，讓他們儘管在心智層面表現出來相當樂觀，在肢體、物質層面卻顯得較為悲觀。他們不太相信人，認為事情總是會出差錯。他們也注重隱私，正是如此的緣故，讓他們像個控制狂一樣，卻也因為這樣在採取行動時，他們會有更高的敏銳度。不妨重看一次我的資料吧。

利用 baantu.com 網站，你可以搜尋並且瀏覽這些組合的例子。前往協助（help）頁面了解該怎麼搜尋在三角形、六角形與圓形具有特定數字的人。

最棒的禮物
我們都是機器人！

九大能量中心

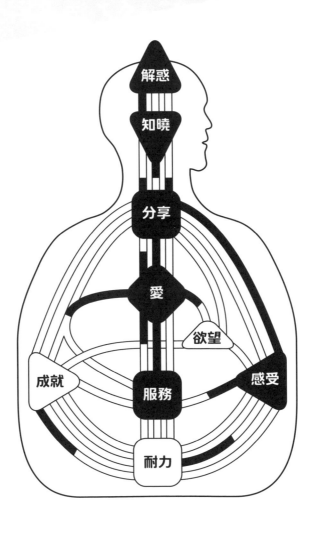

如同三角形與六角形主軸會相輔相成（兩者都是衡量標準），我們也有與圓形主軸共同搭配的「夥伴」，稱為能量中心。圓形主軸與能量中心都決定了程式希望你如何使用你的能量。我們總共有九大能量中心，而這些中心都是成對出現。

如同稍早章節所談過，圓形代表一個人喜不喜歡主動發起，或是偏好等待適當的機會或邀請。但我們到底想做什麼？是哪種類型的活動？本命圖的人形輪廓中看似複雜的圖案，代表連接**九大能量中心**的**通道**。它們能透露我們想要做什麼，表現出我們對於特定事物的動機，也顯現出我們的焦點何在。

你必須了解，能量中心與通道所表現的活動，不代表你只能唯命是從，我們並未受限於此，而是充分自主的存在。原則上，我們想做什麼都可以，但程式會有所干預。通道與能量中心表現出程式對我們有所堅持的條件，舉例而言，如果你看到「愛」處於啟動狀態，代表程式堅持要你從事自己所愛的活動，或希望你與自己所愛的人共處。如果你具有「解惑」中心，代表程式堅持要理解並且深入探究事物。你可以從事任何喜歡的事，除非有一個閘門開啟時，另一端的閘門也處於開啟狀態，正好形成通道，才會對你的活動產生限制。

程式能透過兩種方式達成這種作用，其中一種是你能感受到趨近於這些主軸的動力，另一方面假如你採取違背主軸的行為，程式會替你「拔掉插頭」，讓你的能量耗盡，使你開始感到精疲力竭。

別因此誤會，以為假如某人的「解惑」中心未處於啟動，他們就沒有能力解決問題，他們當然可以，只不過沒有必要，

程式對他們的堅持並不在此。但具有解惑中心的人，會感受到持續驅策自己解決問題的推力。我們稍後將會談到這些通道也有極為明確的主軸，通常是為了幫助這類人涉及的社群或群體追求更大的目的，那些通道並非個體人的屬性。就本質而言，程式賦予你必須執行的職責，就像每天上班一樣，但當你回到家中，就可以在閒暇時間自由從事喜歡的活動。

三大符號（三角形、六角形、圓形）跟通道搭配能量中心最大的差異在於，後者會根據行星位置或你所遇見的人，而隨著時間不斷改變。然而，你的三大符號主軸在你的人生中恆久不變。首先，我們先試著了解通道是什麼。

通道圖案有時候只會亮起一半，完整的通道是由兩個**閘門**所組成，每個閘門都來自於一個能量中心。這些閘門會因為太陽系行星的位置而打開，每顆行星在天空中的特定位置，可以打開一個對應閘門。某些閘門打開後可以形成一條通道，但有些時候不會形成整條通道，只會打通半條通道。如果你想知道哪顆行星會打開哪一個閘門，可以按下 baantu.com 網站的「曼陀羅」（WHEEL）按鈕。當你將滑鼠移到曼陀羅中的任意行星上，在本命圖中所對應啟動的閘門就會亮起。你只要上網測試一下，很容易就能理解。

本章節開頭圖案中的通道與閘門，在我的生命中恆久處於啟動狀態，它們是根據我確切的出生時間所計算得來。但我們也有額外的通道與閘門，會隨著相同行星的**目前**位置啟動，不過這張圖上看不出來。由於行星移動的速度各有不同，

所以本命圖中有些部分也隨之改變。本書稍後將對此進一步
詳細說明。在班圖軟體中，這些額外的**通道**和**閘門**可以藉由
「移訪」或「週期」按鈕（48 小時、週、月、半年）標示出來。

重要的是你必須了解，我們不會感受到因為星宿移訪所
開啟的閘門，它們就像個觸發器，並不是你能掌控的，只是
用來啟動通道另一端可能懸啟中的閘門。

九大能量中心與通道，象徵著一個人執行某些特定職責
或活動的動力，再次重申，重點是在「行為」。有時候可能
會容易搞混，例如以三角形表示的「成功」主軸以及能量中
心所定義的「成功」，但你必須了解，你在人生中的確切行
為，主要是根據啟動的通道調整你的能量流動而導致的結果。
三角形符號接下來會依據啟動的通道為主軸觀點進行判斷，
來更進一步設定你的情緒，接著你便會根據由此得來的情緒，
改變做事情的方法，或者就極端例子而言，甚至會完全停下
手邊的工作，去尋找能符合當下啟動通道所期望的其他目標。

啟動的通道不只促使你進行特定類型的活動，也決定你
能獲得進行哪種活動所需的能量。你可以把通道與能量中心
視為「能量調節器」，負責分配特定活動的可用能量給你，
它們也會切斷不符合啟動通道的活動能量供給，例如若你在
本命圖的「感受」中心處於啟動狀態，當你的行為無法讓自
己或其他人感受良好時，你就會耗盡能量，那當然也會使你
動力低落，耗盡能量與情緒不良並不一樣。

假如你看見有個閘門懸啟著，就像我的本命圖中，位於
「愛」左方的懸啟閘門，那就不會有任何作用，我感覺不到，

最棒的禮物
我們都是機器人！

因為它並未啟動。需要與另一邊的閘門相互連接，才能啟動這條通道，而只有連結通道才能帶來效果與動力。單一閘門只是單純的可能性，必須與其他閘門連通才有用。

有趣的是：不只星宿移訪（行星目前的位置）能啟動你的其中一個懸啟閘門，你的懸啟閘門也會受到其他人的影響而啟動。假如你遇見的某人，正好可以與你的懸啟閘門相連，那你們兩人都會感受到相同的動力去共同進行某種活動，這種作用只會發生在雙方各有一個閘門懸啟，且不具有完整通道的情況。在我們進一步探討細節前，先來談談不同能量中心與相連通道所代表的意義。

雖然觀看某人的啟動中心能帶給你強烈的第一印象，但若要著手分析本命圖，比較好的方法是檢視圖中相連的通道。每條啟動通道的兩端分別通往一個能量中心，這正是我稍早說它們成對作用的意思，舉例來說，假如「愛」中心啟動，代表必定有另一個中心與其相連（單一中心不可能獨自啟動）。拿我的例子來說（本章節開頭的圖），「愛」與「分享」相連，所以可以解釋成：「與他人分享你所愛的事物。」

也可以解釋成「與你所愛的人分享事物」或者「分享大家所愛的事物」。

※

閘門的顏色能告訴你某項活動是關於身體或心智層面，舉例來說，你可以透過行為或者思維來解決問題，以身體顏色表現的閘門代表生理調節器，而以心智顏色表現的則是意識調節器。

想想隨時都在運行的行星，以及在你生命中來來去去的人群，他們持續觸動著你某些懸啟中的閘門，這是個複雜的動態結構。班圖（網站）將諸多面向分解成各種主軸，例如**創意、社群與成就**等，藉此幫助你更透澈地看清這個架構，你可以了解哪個人啟動了哪些動力主軸，但現在先看你自己的資料就好。

　　你隨時都能跨越通道與能量中心所表示的範圍，它們並非要將其他事物排除，而比較像是在提醒你，告訴你哪些是**必須**做的。記住，我們都是獨立自主的存在，我們可以自己做決定，但我們也受到更廣大的程式所影響著，我們可以做想做的事，但也有我們必須完成的課題。

　　這張本命圖只是告訴我們程式所堅持要完成的事，只要我們希望，同時又有能力，我們永遠都能做任何事。但假如我們對於某些事情懷有強烈動機（程式提醒我們所需要做的事），可能就沒有足夠時間做其他的事，或者其他事物對我們變得比較不重要。你永遠都能從事**超越**圖面資訊以外的活動，前提是我們不該失去對更遠大目標的視野，忽略程式對我們的期望。程式不會鉅細靡遺地指點我們，必須靠我們透過自己的智慧與生命體驗，來解決大部分的人生課題。

最棒的禮物
我們都是機器人！

解惑

這個中心和釐清事物的來龍去脈有關。跟這個中心一起運作的只有「知曉」中心（我們將於下個章節加以探討），解惑的所有通道都與知曉相連，這是能量中心成對出現的例子，當你**解惑**某個問題，同時就會**曉得**某件事情。

你應該了解的是，某人的解惑中心**未**啟動並不代表此人的智慧高低，只是單純表示程式並不會給人持續施加「解決問題」的壓力而已。雖然除了程式對你的期望以外，理論上你可以做任何其他事情（我們是獨立自主的），但你可能會將大部分時間花在啟動的能量主軸（中心與通道）上。

與解惑相關的壓力有三種，代表連接到解惑中心的三條通道。我們會在迴路章節探討這些微妙細節，但現在你必須知道，對於你自身以外的更大格局而言，這三種壓力都有其價值所在。社群或者集體就是很好的例子，必須解決問題來改善他人的生活，這種壓力一直存在，這可不僅是為了自己的快樂而已。

誰都可以解決問題（即便這個中心沒有啟動），但更重要的是，他們會解決可能對其他人毫無價值的問題。

有 70% 的人，解惑中心並未處於恆久啟動的狀態，所以很少人具有想釐清頭緒的欲望或時間，多數人寧願把解決與深究問題的工作交給其他人。這多多少少讓你明白了這個世界的真相，以及人們為何如此容易受到操控的原因。

最棒的禮物
我們都是機器人！

知曉

當你知道某件事，並不代表你**本身**一定了解事情的來龍去脈，因為你或許是從別人身上「借來」知識。這個中心可供兩種**知曉**所用：你自己解決問題所得來的知曉，或是與他人分享而得來的知曉（知識）。知曉中心可能連結到上方的解惑中心，或是下方的分享中心。當你的知曉中心啟動，意味著會有一股壓力或強烈的動力（這是程式堅持要你做的）推著你去分享對其他人有價值的事物，或想要更理解（解惑）對其他人有價值的事物，因為分享同時也代表傾聽。

並不是每個知識份子都認為，當他們相信自己的消息來源時，還需要全盤理解這些訊息。他們可能會在腦中塞滿知識（在啟動閘門呈現心智的顏色時），並且引述各種訊息，卻一整天都不會去驗證或透澈理解這些事。記住（知曉）不等於理解（解惑），而這兩者各有其優點。在沒有親自理解的情況下借用別人的知識，可以快速獲得成果。當然，假如解惑中心並未啟動，也就更可能蒙受錯誤資訊或出差錯的風險。

從我的本命圖（第 20 頁）可以看見解惑與知曉中心處於

啟動狀態，代表假如有人提供我資訊，我總覺得需要先經過驗證才能利用或記下來。我有位同僚的解惑中心並未處於恆久啟動狀態，他有時候覺得我很煩，因為每當他發現利用電腦編碼解決問題的方法時，會直接複製／貼上了事，但我無法接受，所以我會花點時間了解這段編碼的作用以及運作方式，接著才會使用。

順帶一提，像這類互動也是 baantu.com 網站中人際關係頁面計算「適應性」的一部分，可以告訴你與其他人相處時的耐心（或沒耐心）程度。

當你在班圖系統中看見像「知曉」這類字眼，必須盡可能從最廣泛層面來解讀，這並不是在學校念書時的那種學習事物方式，基本上，這代表你喜歡觀察，而且很好奇。這也關係到學習如何動手「做」，例如：工藝品等。許多具有知曉中心（心理層面）的人並不一定是高智商的人，而是具有豐富的想像力，又非常好奇的人。有些人可能只是想知道其他人在做什麼，或者喜歡聊八卦，或是總會打破砂鍋問到底，他們喜歡獲取資訊。與某些這類型的人相處時，你可能覺得一直受到審問，就如我所說，通往知識的路可以有很多條。

分享

　　分享的型態有很多種，首先可以是言語上的分享，這種分享型態可能來自心智層面，分享你所知道的訊息，或者來自分享身體上的行為或感受。但你還能透過除了文字以外的方式來分享，舉例來說，你可以讓其他人同行，共同經歷體驗、共享財富，或分享你的物質所有。或者，與其他人分享能使他們獲得在身體上感到愉悅的事物。

　　分享是種雙向交流，不只是關於給予，同時也關乎於傾聽與接收，是共同從事行為的概念。如果你的分享與知曉中心處於啟動，你可能會透過他人與你分享的事物有所發現（知曉），或是把你知道的事情告訴其他人。

　　當你的分享中心啟動時，只代表程式施加了壓力，促使你與別人分享、與他人共度時光。如果你想知道你們花時間相處的目的何在，就要看通道的另一邊連接到哪個能量中心。

　　與其他能量中心相似，如果分享中心沒有啟動，不代表某人永遠不會分享，不是這麼回事。應該說，程式並未對他們施加壓力，不堅持要他們分享。他們可能會分享，也可能不分享，但他們沒有**必要**分享。當某人的能量中心啟動時，

就不再是他所能決定的事，他們會感受到一股難以抗拒的衝動，所以採取行動的機會也大幅增加。

分享有時候也關係到慷慨的行為，但對於這些過度簡化的論斷，需要非常謹慎地看待，這些只是我們生活中能量中心以不同方式展現的例子，別因為道德偏見，而掉入武斷評斷能量中心意義的陷阱。每個能量中心都可能體現成「好」或「壞」的行為，著實取決於不同個體，以及伴隨著時間及所處環境而改變的生命變化。

舉個簡單的例子，某個「成就」中心啟動的人，有可能出賣祖母來實現欲望，還感覺良好嗎？這樣想太過武斷，而且系統並非如此運作。萬物都可能有「好」與「壞」的表現方式，不同的人會有不同的表現方式。某些情況可能惹惱某人，但對其他人來說或許不會這樣覺得，甚至會感到愉悅。但如果你本身不具有某個中心，而你的三角形特質又不是對應的主軸，那你對這種特質的理解度比較低，與這類型的人也不容易融洽共處。

愛

如果這個能量中心沒有啟動，你也不必擔心，這不代表你比較沒有愛，或是其他人比較不愛你，或者你不討人喜歡。

愛是個地方、是你的歸屬，是程式決定你與其他人相對位置的影響力。但愛也可能改變。

愛在本命圖中代表的是你可能強烈渴望從事的愛好，或是想要專注於你所愛的人，而不想花時間在你不在乎或不喜歡的人身上，同時也代表你想從事其他人喜愛的活動。

愛不是根據邏輯的選擇，而是我們不經選擇就感受到的吸引力，是讓我們感到自在的場所或人物，是我們內在的嚮往。我們能夠為愛受苦，可以為愛付出偉大犧牲，無論我們所愛的是人或者任何事物。而且許多人都知道，愛不保證能帶來良好感受。

當你看見某人的愛中心並未啟動，代表他們對自己的活動或他人的選擇比較不受限制，他們不必「愛」自己所做的一切或者與自己共處的人。他們的朋友圈通常比較大，但可能大多都是泛泛之交，而非親密友人。愛中心未啟動的人，比較可能會花時間在那些沒那麼喜歡，或是沒什麼感覺的人

事物身上，容忍度也比較高。

　　讓我舉個例子：假設為了獲得更高的成就，你必須與某個你無法忍受的人見面，或者必須從事不喜歡的工作來賺更多錢，對於愛中心未定義的人而言，會比愛中心啟動的人容易得多。如果你的愛中心處於啟動，要你與討厭的人相處會相當困難，無論與他們搭上線能有什麼好處都沒用。愛中心未定義的人，能夠比較自在地參與各種活動，而愛中心有啟動的人，對於不喜歡的人事物比較無法忍受。

　　現在你了解，為什麼我說班圖的各個層面都有「好」與「壞」兩種面向吧？一切事物都有優缺點，重點是要了解你的本性，避免根據他人灌輸在你腦海中對自己的錯誤認知來對抗自我。畢竟，當內心想要看見什麼景象，就會有強大的力量，使你相信虛構的幻象確實存在。

欲望

　　這個中心有定義的人可能極為固執。所有通道與能量中心都代表程式施加的壓力，更精確而言，那是讓你進行某些活動的動力。你的能量透過通道流向特定類型的活動。

　　要了解這個能量中心的最好方法就是否定它，這種方法也很適合用來分析班圖中的許多訊息，當你看著某個字眼，別只著墨在它表面的意思，也要考量反面的涵義。你的欲望會聚焦於你所想要與期望的事物上，但也代表你不會被**不想**要的事物轉移注意力。你可以自己轉移焦點，但我們通常會因為別人對我們的期望而失去焦點，我的意思並非這樣不好，有些人天生就比較容易受他人所動搖。

　　欲望中心啟動的人很擅長說「不」，他們可能表現得相當固執，不管你如何進行說服，只要他們不想做，就會毫不動搖並且持續說「不」。有定義的欲望中心能幫你專注於對自己重要的事物，坦然面對自己的信念。

　　高達 65% 的人，欲望中心並不處於恆久啟動的狀態，表示他們時常受到對自己不重要的事物轉移焦點。儘管他們知道自己不應該做某件事，但仍然會行動。全球人口中，欲望

中心沒啟動的人數排名第二，第一名是解惑中心。你也可以說，欲望中心沒定義的人，缺乏對討厭的事物說「不」的決心。如果你也是其中之一，別難過，這並不是你的錯，也不會影響到你是否感到喜悅，只是你有時必然會從事違背喜好的事物。

　　對某些人而言，通往喜樂的方式是對我們不想做的事情說「不」，而其他人有轉移焦點的傾向，因為程式並不在乎他們是否轉移焦點，他們比較容易從喜好的事物上分心，但這不代表他們不快樂。只有當某人欲望中心啟動時，我們才會發現程式有所干預，堅持他們好好遵循自己的期望。

最棒的禮物
我們都是機器人！

服務

當這個中心啟動時，你會有注意其他人期望的動力。服務在本命圖中表示「幫助他人」，將焦點放在其他人身上，而不是自己，但這不代表你是他人的僕從。雖然你可能為他人做某件事，但在其他情況中，也許是可以察覺他人的期望，這讓你做的任何事都與其他人的欲望或願望有關，有些人可能形容成比較商業化。

同樣的，通道的另一端當然有另一個中心，所以可能會產生**服務**與**愛**的組合，在此情況下，你會感受到「得專注在他人想要的事物上」的壓力，有時，那恰好也是自己喜愛的東西。這同時也可能意味著，那可能是其他人的需要與喜愛的事物。你明白程式如何影響你的動力，藉此限縮你所擁有的選擇了嗎？同樣的能量中心組合，可能也表示人們只針對他們真正在乎的對象，去從事他人所期望的行為。

啟動的能量中心數目愈多，所受到的推力或壓力就愈大，但同時能夠選擇的選項就愈來愈少，因為每個能量中心都有制約。

有 70% 的人「服務」中心處於恆久啟動的狀態，表示他們多數時間都忙著替別人做事。他們代表了世界的建構者與商業勞動力。

　　服務中心在許多方面都與欲望中心恰恰相反，你可以說欲望是關於**你**的期望，而服務則是關於**他人**的期望。你或許會納悶，如果有人同時啟動這兩個能量中心呢？出乎你意料之外，這其實沒有問題。你還是能夠找到某種活動不僅符合他人期望，也符合你的期望，這些主軸間並不會相互衝突。

最棒的禮物
我們都是機器人！

成就

這是我們第二次見到「成就」這個主軸，差別在於，這裡指的是你受到的驅策，為了獲得成就而採取**行動**，並不是關於衡量與評判的標準。

主要掌管你所從事活動的並非三角形主軸，而是能量通道，其中伴隨活動所發生的一切，則是透過三角形與六角形主軸來衡量，它們負責帶來你所體驗的痛苦與愉悅感——簡而言之，就是你的快樂程度。

當某人在本命圖中的成就中心因為通道接通而啟動，表示他們會在日常行程中安排能夠獲得人生成就的事物，但不全然是為了自己的成就，也可能是幫助他人獲得成就。有些成就中心和分享中心接通的人，可以成為協助你達成目標的導師。這裡的成就與我們在三角形主軸所探討的意義相同，仍然是關於如何在人生中拔得頭籌、在職務上獲得成就、贏得體育競賽、賺更多錢，以及你所想要成就的任何事物，它和為了目標而努力工作有關。

與感受中心的重要區別在於，儘管面對難題與挑戰，成就中心還是能持續奮鬥，能夠有所犧牲，只要成就的希望仍

然存在，就不太介意眼前的難題有多大。

如果某人的三角形特性是感受主軸，那成就中心的能力就有所受限，他們必須找出能每隔一段時間就獲得良好感受的方法，否則就可能放棄。

當你看見一個人在班圖中同時出現琳瑯滿目的數字與主軸時，或許會納悶這些特質怎麼可能同時運作，但這正是我們多數人正在經歷，卻渾然不知的事情。我們都試著找到能讓一切妥善運作的方法，而我們有時候會因為行不通就打退堂鼓。這麼做並沒有錯，這是淘汰的過程。有些時候你無法預先明白這一切，之後才得知原因是程式所尋找的特質不存在，因此放棄並轉而尋找其他事物。這種情況不只適用於活動或工作上，對於我們所共事或共同生活的人也是如此。生命就是為了滿足程式對我們的期望而持續調整的過程。

我有兩個感受主軸三角形。如果程式在我的生命中沒有定期啟動我的成就能量中心，我或許永遠不會為了成就而進行任何事，也就是不會努力工作並付出犧牲。我當然也有幾個通往成就中心的懸啟閘門，表示我不一定非要作出犧牲與受苦不可。我也可以透過能滿足愛中心的事物，讓其他與我的愛中心閘門相連的人帶動我的成就中心。

如果我的成就中心暫時受到行星（移訪）所啟動，我或許會付出巨大努力，將自己逼到三角形感受主軸的舒適區邊緣。我可能無法像三角形成就主軸的人持續那麼久，但至少會付諸一定的心力。如果成就中心沒有啟動，我或許只會整天自我感覺良好，卻從未實際嘗試。

最棒的禮物
我們都是機器人！

感受

　　我們又見到另一位在三角形主軸曾經談過的老朋友。「感受」在許多方面都像是「成功」的鏡子。即便在本命圖上，也像鏡子一樣位於彼此的另一側。但如果認為這兩者相互衝突，那可是天大的錯誤，沒有人說成功與良好感受無法共存，只是可能需要多花點時間才能找到合適的活動，但這絕對是值得努力的。

　　有時候你會遇見像我一樣，同時具有三角形感受主軸**以及**感受能量中心的人，此時你必須了解，在他們人生中占有重要地位的「良好感受」是什麼。這些人相當情緒化又極度敏感，總是在尋找生命中的美好樂事。如果有什麼改變了他們的**感受**，無論是好是壞，他們都會立刻有所反應。他們很容易流露情感，但也不會花太多時間在生命中的其他事物上，只想要從事能夠獲得良好感受的行為。

　　並不是每個人都有如此極端的組合，許多人都具有多元的主軸。我在本書的後續章節將提出一些例子，讓你更容易理解；但當你在分析某人時，還是要從三角形主軸開始了解他們重視的是什麼，這點很重要，因為這是左右他們感到悲

傷或愉快的關鍵。儘管如此， 這項主軸並未掌控他們真正想做的事，而是種幻象。我們無法覺察程式是透過不同把戲讓我們做某些事，其中之一是愉快的感受，另一種是動力。三角形主軸與通道並不相同，一者決定我們的情緒，另一者則調節我們的能量。

耐力

　　這個能量中心有點奇特，因為它不是大多人最初認為的那樣。它無關於擁有更多能量，也跟彈性或敏感度無關。

　　耐力中心有啟動的優點在於，這類型的人不會在場面失控的第一時間轉身離開，他們有能力在發生挫敗時繼續堅持。六角形主軸告訴我們一個人的敏感度，三角形主軸告訴我們對於失敗的定義，圓形主軸則表現出你如何將動力付諸實行。你是傾向於主動發起，或是會等待適當的機會上門？

　　無論你最後決定做什麼，或如何執行，當你失敗時，如果具有耐力中心的特性，那你會有較大的機率去再度嘗試（但可能需要一段時間恢復）。

　　耐力中心沒有啟動的人，假如在過程中遇到困難，比較容易立刻放棄並嘗試別的事物。

　　正如你在本命圖中所見，耐力只與生命中的三種事物有關：成功、服務與感受。在情況發展不如預期時，程式會從這些層面再次給你機會，透過其他類型的主軸，讓你盡快繼續朝它對你的期望前進。程式沒耐心透過愛、欲望或分享中心慢慢來，它不希望你在同樣的地方跌倒兩次。

三角形&六角形

　　當你對班圖更加熟練，你會開始能同時掌握數種元素的判讀技巧。首先，當你對一切都很陌生時，會從單一元素開始獨自解釋；但當你可以整合地解讀，明白各項元素是如何影響彼此時，本命圖真正的樂趣才會開始浮現。這有點像拋接柳橙的雜耍表演，你得先從一顆開始，在稍微訓練過後，就能熟練地在空中同時拋接五顆柳橙。

　　班圖中的各項元素相互結合，可比單一元素要複雜得多。它們互相影響，就像兩種物質之間的化學作用，會因此產生不同的、更大的產物。

　　在分別談過三角形與六角形主軸之後，下一步該聊聊它們成對出現時的影響。

　　如果你具有三角 1（成功）與六角 1，代表你對於挫敗的彈性比較低，所以比較有可能是個脆弱的失敗者。不要單獨解讀六角形主軸，你必須從三角形主軸更仔細了解你對於**什麼**比較敏感，或是在何種情況下比較脆弱。

　　因此，不同的人對於成功、尊敬或感受層面的敏感度也不同，有些人可能會受到「打擊」，有些人不會。三角形主

最棒的禮物
我們都是機器人！

軸能表示你對什麼事情具有或者缺乏彈性，因而影響你的自信以及對於其他人的敏感度。雖然無法透過這兩個數字的結合明確預料他人的反應，但是在對方反應的時候，你可以開始了解導火線在哪裡，也可以明白潛藏在後的原因。

六角形數字較小的人，總是試圖控制自己暴露於外界的程度，他們對於冒險感到不自在，希望能有一個「門」把特定的人事物隔離在外。但他們想要掌控的事物取決於三角形，如果說得更精確些，他們會想要控制某個局面，因為在這種局面下，可能會受到某個三角形主軸的傷害。

埃弗爾 · 克尼維爾

(EVEL KNIEVEL)

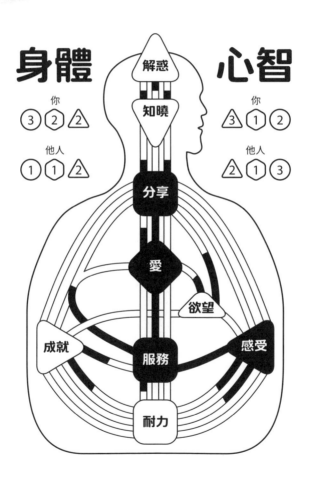

最棒的禮物
我們都是機器人！

讓我們看幾個例子，將目前所學實際練習一下。我喜歡觀賞名人的紀錄片，尤其是我知道確切出生資料的人物。幾個月前，我看了《我是埃弗爾・克尼維爾》（I am Evel Knievel），這部電影是關於一位美國特技演員、瘋狂藝人，也是國際偶像的故事。我小時候就對他有印象，還在新聞節目上看到他騎機車飛越倫敦雙層巴士，他曾經受傷過很多次，我對他在生理與心理上的決心感到印象深刻。

　　當我開始觀看電影時（當時還不知道他的班圖資料），我自己認為這傢伙一定在身體層面是圓形 3，才能帶來這番表現，因為圓形 3 主軸的人總是在挑戰極限。很幸運地，我得知他精確的出生時間，而且他確實具有圓形 3 主軸，同時還有六角 2，這表示雖然他一直處於「攻擊」模式，但他清楚了解可能有受傷的風險。我還記得電影中的幾個時刻，有一幕他正要乘坐火箭動力車飛越峽谷，另一幕則是想在溫布利球場打破飛越最多雙層巴士的紀錄。你可以看見他恐懼與猶豫的神情，就像內心有個聲音對他說：「你確定要這麼做嗎？」

　　當然，六角 1 主軸的人會因此僵住，也或許打從一開始就不會從事這一行，因為持續的恐懼感令他們無法忍受，更可能在第一次意外後就留下創傷。

　　心智層面具有圓形 2，而身體層面具有圓形 3，代表他的內心屬於機會主義者，但身體卻會不斷追求與突破極限，所以他一再尋求挑戰。圓形 3 有一種躁動型態，他們覺得「等待」等於死亡。克尼維爾知道自己想要什麼。聽到他與許多女性傳出緋聞，而且妻子對他相當生氣，我並不意外。他對

於物質層面也有很高的期望。

　　他在展開特技生涯之前，曾經是最佳保險銷售員，但也是個大騙子，就具有圓形 2 與圓形 3 的組合來說也並不讓人意外。他可以走近任何人，當眼前出現機會，就利用語言展開「攻擊」並說服對方。

　　讓我們分析他的資料，他在身體這一側具有三角 2，所以形象與外表對他而言非常重要。你可以從他偶像般的穿著風格，還有他以埃弗爾‧克尼維爾所開創的形象，以及往後令人追憶的名號看見這點。某間玩具公司推出了埃弗爾‧克尼維爾特技機車，當時可是最暢銷的玩具之一。這一切替他賺得數百萬的財富，他也擁有諸多房產、汽車、直升機，甚至有自己的噴射機，完全符合圓形 3 主軸，高度重視物質層面的性格。

　　身體這一側出現的三角 2 代表他想要贏得尊敬，也渴望掌聲。但他並沒有乾坐著，等待生命將受人敬仰的機會送上門，他是位會自己朝向目標全速衝刺的發起者。在心智這一側，他說話的方式（以及對他人的反應）取決於他當下的感受，他的著名事蹟包括曾經在飛越峽谷活動中對記者暴怒，為此他的職業生涯毀於一旦，也失去所擁有的一切，他是情緒化的發言者與思想家。具有三角 3 而且臉皮薄（六角 1）的人，無法接受被那些讓自己感受不佳的人批評，會因此展開猛烈反擊。由於他並不具有三角形成功主軸，所以不會被任何事物所阻攔，當受到記者挑釁時，他並沒有想到自己的生涯，而是純粹情緒化的反應。但由於具有六角 1，所以他並不是真正有自信的發言者，這讓情況雪上加霜，因為他在

最棒的禮物
我們都是機器人！

承受言語攻擊時可能會倍感威脅。他討厭記者詢問自己沒有把握的問題，對於記者的恐懼或許大過於特技表演。

接著看身體這一側的「他人」欄位，他喜歡身邊圍繞著不像自己那麼瘋狂的人。恰好相反，他喜歡六角 1 與圓形 1 主軸的人，也就是被動又敏感，能夠察覺所有危險的人。我直覺認為，這種組合在很多處境下救了他一命，他身邊的人都符合他的喜好。

我們來看看他的能量中心，就可以了解推動他行為的主軸。首先看到的是愛與分享中心，而這兩個中心之間的三條通道裡，中間的那條在許多富有創意的表演者身上通常都有接通，這是對與人們分享自己所愛的強烈需求。他熱愛騎乘機車，並且與眾人分享這一點，但他也能提供眾人所喜愛的事物。我們也能看見正下方的通道，恰好是相同主軸的延伸，同樣出現在許多優秀的藝人身上。這條通道連結服務與愛，代表你會從事自己或他人所喜愛的行為，還有他人所期望或要求的事物。他相當明白眾人想看見什麼，也實現眾人需求，所以擅於取得商業上的成功。最後看到的是服務與感受中心，代表他不只讓自己感覺良好，也為其他人帶來良好感受。由於是與服務中心相連，表示特別會依照他人的期望行動。這條通道同樣是表演者的典型，不過還是有許多其他可能的例子。

有一點我們還沒聊到，他具有兩條屬於領導者類型的通道，這並不代表他想成為領導者，而是他很容易受到其他人追隨，這點解釋了他膾炙人口的偶像地位。

強尼 · 諾克斯威爾
（JOHNNY KNOXVILLE）

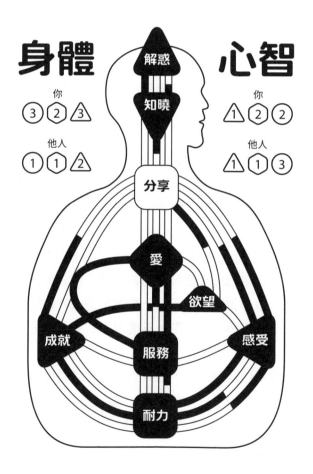

身體

你
③ ② ③

他人
① ① ②

解惑

知曉

心智

你
① ② ②

他人
① ① ③

分享

愛

欲望

成就

服務

感受

耐力

最棒的禮物
我們都是機器人！

在我觀賞關於埃弗爾‧克尼維爾的電影時，我注意到這部紀錄片的出品人，是出演《蠢蛋搞怪秀》（Jackass）系列電影的強尼‧諾克斯威爾。我在克尼維爾電影結尾看見幾幕關於諾克斯威爾的片段時，心想：這傢伙跟埃弗爾‧克尼維爾沒什麼兩樣！他肯定有類似的主軸數字，他們倆就像雙胞胎一樣。

同樣，我幸運地找到他精確的出生時間。他們兩人不只在身體層面具有相同的六角形與圓形主軸，在心智層面的圓形主軸也一樣。但我看得出來，諾克斯威爾比較擅於控制言辭，沒錯！他在心智層面具有三角 1，也就是成功主軸，所以他不會說出有損生涯發展的話。他在心智層面的六角 2，代表他是比較有自信的發言者。

另外提件有趣的事，他（跟克尼維爾很像）喜歡置身於在身體層面具有六角 1 與圓形 2 的人群中，對於跟他們一樣喜歡走狂野路線的人，可以發揮一點人壽保險的作用。

但強尼有個地方不太一樣，他的創意性比較低，而且不太在意自己的形象，但卻相當重視成就。關於創意，我們等到探討迴路的章節中再聊。他的三角形屬於成功主軸，在本命圖上也一樣，再加上耐力與欲望，這種組合可不得了。對他而言，沒有什麼比成功的人生更重要，這點與克尼維爾不同。具有成就中心的人，不計代價想獲得勝利的程度可能超乎他人所想像。他們幾乎願意為了成功忍辱負重。他們極為好勝，而且不在乎別人對自己的看法。相反的，對埃弗爾來說，外界對他的看法，才是使他感到愉快，最大的動力來源。

胡安 · 曼努埃爾 · 范吉奧
(JUAN MANUEL FANGIO)

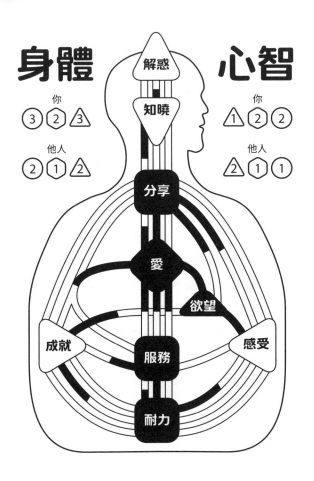

最棒的禮物
我們都是機器人！

再找個大膽無懼的主軸來聊聊。胡安 · 曼努 · 范吉奧被奉為史上最偉大的一級方程式賽車手。我小時候見過他，因為賓士車隊賽事總監艾弗雷 · 紐鮑爾（Alfred Neubauer）與我的祖父是好朋友，同時也是早期 F1 賽車的代表性人物。祖父在奧地利瓦豪地區的山丘上有棟豪華避暑別墅，我記得有些著名 F1 車手曾經來此小住。紐鮑爾是我見過最厲害的說書人。現今多數人都不知道 F1 賽車以前有多危險，一個週末掛掉好幾個人並不稀奇。這種車輛相當難以駕馭，而且馬力極大，速度極快。賽車就像重量級怪獸，賽車場好比是死亡陷阱，一個小差錯就能讓你送命。

范吉奧被稱為 El Maestro（西班牙語中的「大師」），主宰 F1 賽事的本領獨一無二。他的世界冠軍紀錄保持了 47 年，只有麥可 · 舒馬克（Michael Schumacher）曾經打破紀錄。范吉奧仍然保有 F1 賽車史上的最高勝率，在 53 場出賽中獲勝 24 場。

同樣的，我們又在身體這一側看見六角 2 與圓形 3 的組合，代表身體層面最積極發動攻勢的性格（發起者），總是追求極限，也會實際評估風險所在。但我們也在心智這一側看見三角 1 的成功主軸，這傢伙渴望勝利，是他與生俱來的天性，而且跟所有圓形 2 ／ 3（心智／身體）組合的人一樣，他很受女性歡迎，也是身邊不缺女朋友的花心大少。你可以在 baantu.com 網站搜尋各種人物的數字組合，包括超過一千位名人。如果要搜尋圓形 3 的身體和圓形 2 心智的資料，你可以使用萬用字元（*），在人物目錄的搜尋欄位鍵入「3**-**2」。

尼基 · 勞達
（NIKI LAUDA）

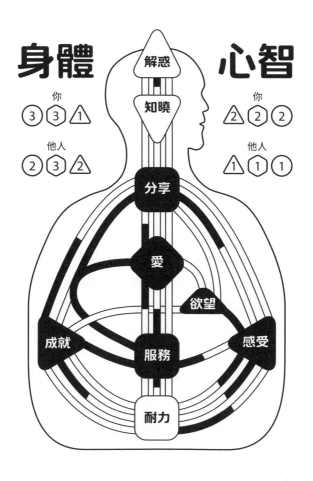

身體　　　　　　　　　　　　心智

你　　　　　　　　　　　　　你
③③△　　　　　　　　　　②②②

他人　　　　　　　　　　　　他人
②③△　　　　　　　　　　△①①

解惑
知曉
分享
愛
欲望
成就　服務　感受
耐力

最棒的禮物
我們都是機器人！

這是另一位偉大的 F1 賽車手，我選擇他有幾個原因。首先，他跟我一樣來自奧地利，而且我曾見過他兩次，我小時候的房間有張他的親筆簽名海報。更重要的是，他的生涯相當成功，曾經二度贏得世界冠軍，而且在賽車的同時還與死亡奮戰。我選擇他的另一個原因，是因為《決戰終點線》（Rush，2013）這部電影，主要講述勞達與詹姆士·杭特（James Hunt，同樣收錄於班圖資料庫中）之間的競爭關係。電影提供絕佳的機會，讓像你這樣的讀者能夠研究我所選擇的例子，並且學習你在班圖中看到的資訊，實際體會本命圖中的各項數字與能量中心如何運作。

可以這麼說，勞達賽車生涯中最令人難忘的事件是一次車禍，發生在德國惡名昭彰的紐柏林賽道，這裡一度被稱為「綠色地獄」。當時他是唯一在 7 分鐘內跑完北環長達 22.8 公里賽道的人，而且他撞毀法拉利賽車時正是世界冠軍。他的賽車陷入熊熊烈焰，而他被困在車內。當時把他救出來的，並不是遠在漫長賽道之外、配備不齊全的賽道安全員，而是同行的其他車手。

他的頭部嚴重灼傷，而且吸入熾熱的有毒氣體，因此損害他的肺部與血液。勞達當時頭戴改裝安全帽，泡沫塑膠在車禍後受到擠壓，安全帽從頭上滑落，使他的臉部直接接觸火焰。雖然勞達當下還有意識，而且在事故後還能立刻起身，但不久後還是陷入昏迷。他的頭部因為灼傷留下一大片疤痕，也失去大部分的右耳以及右側頭皮上的毛髮，還包括眉毛與眼皮。事後他選擇有限度地進行重建手術，以修復眼皮並使它們正常運作。自從車禍後，他總是戴著帽子來掩蓋頭上的

疤痕。

他在醫院裡與死神搏鬥了四天，生還的希望渺茫。除了嚴重灼傷、幾根肋骨斷裂以及顴骨骨折以外，更糟的是受到有毒氣體灼傷的肺部。

你很難相信，他居然在短短六週後坐回賽車裡頭，將滲血的繃帶從布滿傷疤的頭皮坑洞上剝下，這只有六角 3 主軸的人辦得到。

我想你應該對此人有一定的認識了，就他在身體層面具有圓形 3 與六角 3 看來，確實不令人意外。他知道如何展開攻擊，而且無所畏懼，這在有些人眼中可能太不切實際。你也了解這種性格可能讓人陷入大麻煩，加上身體層面還有三角 1 主軸，這種類型的人天不怕地不怕，懷抱著必勝的決心，具有三角 1 的人甚至會在必要時切斷自己的情感。

就心智層面而言，他希望獲得尊敬（三角 2），而且渴望名聲與讚賞。他在往後成為了飛行員，並且擁有兩家商業航空公司。

另一方面，詹姆士·杭特則是花名在外的花花公子，他並不渴望受到讚揚。在 baantu.com 網站上，你可以看到他有兩個三角 3 主軸。他希望在人生中享受自我，完全不在乎別人的想法，也沒有巨大的求勝欲望，他只想要玩得開心。但你也可以發現他在身體這一側具有六角 3，首先，這使他無所畏懼，而且對自己的身體相當自信。杭特有許多上半身裸體的照片，這傢伙並不害臊，而且他利用自信來享樂。他踏入 F1 賽車界並不是為了成功，而是為了玩樂，他或許缺少像

最棒的禮物
我們都是機器人！

勞達那樣的紀律。

　　勞達主要利用他的高度自信來取勝，而且比杭特更加努力。他的三角形屬於成功主軸，加上成就能量中心也有啟動。他也對於身體外貌很有信心（跟杭特一樣），不過只在心智層面具有三角2，身體層面並沒有，所以他不在乎別人怎麼看待他的傷疤與殘缺，這解釋了他為什麼在事故之後不考慮進行大範圍重建手術。順帶一提，他的緋聞在車禍後並沒有因為外貌缺陷而減少，即便上了年紀還是緋聞不斷。他是派對上的熟面孔，時常有人目擊他上夜店，身邊還圍繞著女性。

艾爾頓 · 塞納

（AYRTON SENNA）

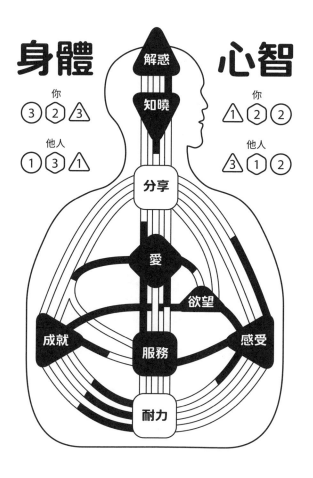

身體　　　　心智

你
③ ② ▲③

他人
① ③ ▲①

你
▲① ② ②

他人
▲③ ① ②

解惑
知曉
分享
愛
欲望
成就
服務
感受
耐力

最棒的禮物
我們都是機器人！

再來看另一位 F1 明星車手。他曾贏得三次世界冠軍，並且被奉為史上最偉大車手之一，但在 1994 年因為機械故障發生車禍而喪生。

　　跟目前為止所看到的其他 F1 車手一樣，我們又在身體這一側看見圓形 3，代表在身體層次上有很高的期望，並且不斷追尋目標。他的六角型主軸數字是 2，讓他能實際評估可能發生的差錯。但我們目前還沒看見哪位車手具有六角 1 主軸，我推測若是太謹慎的個性，可能會過度拖慢他們的腳步。但最重要的是，我們在身體層面一直沒看過除了圓形 3 以外的主軸。他們的行為必須相當主動，而且目標明確，他們不會坐等機會上門，而是創造機會。假如你想要獲勝，就必須朝目標前進，永遠處於攻擊狀態。你不能枯等其他人把獎盃交給你，一定要主動出擊。

　　除此之外，我們還看見兩個成功主軸，其中之一是心智層面的三角型主軸，另一個則是本命圖中與欲望中心相連的成就中心，表示此人有強烈的獲勝欲望，這使他感到愉悅，也是他的焦點與動力所在。同時，他也受到無畏之人所吸引，有些人可能稱之為粗線條（六角 3）。

　　與受到女性愛戴的所有男性一樣，他的圓形主軸是令人難以抗拒的 2 ／ 3 組合（心智／身體）。而身體的三角 3 則賦予他極度情緒化的性格與敏感度。這類型的人時常表現得溫暖又友善，使他人能觸及自己的情感，這也解釋了此人為什麼如此受歡迎，不只是因為他的成功，也與他的性格有關。

麥可・舒馬克

（Michael Schumacher）

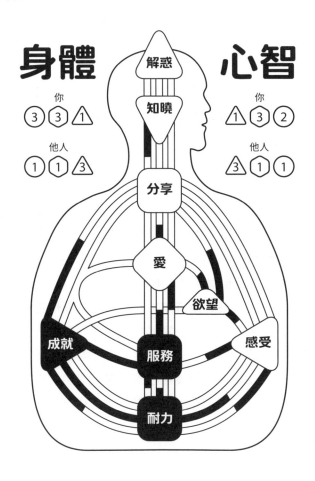

身體　　**心智**

最棒的禮物
我們都是機器人！

接下來是 F1 車手名人系列的最後一位，我想對許多人而言，應該不用再介紹舒馬克是何方神聖了，他是史上唯一獲得七座世界冠軍的車手，因此被奉為體育史上最成功的車手。

與我們所聊過的尼基 · 勞達很像，他在身體這一側也具有六角 3 與圓形 3。這類型的人不知道害怕是什麼，謹慎行事不是他們的風格，而且懷抱著很高的期望，畢竟他們都知道目標在哪裡，並且大步向前。我們在舒馬克身上看見先前其他車手都沒有的特點，他具有**四重**成功主軸，並且與耐力中心結合。

他的身體與心智都是三角 1，代表體內的每個細胞都想追求勝利。能否獲勝，決定了他的快樂與否，我想你應該很難找到比他更好勝的人。此外（好像還不夠似的），他在本命圖中承受兩條通往成就中心的通道所賦予的壓力，其中一條與耐力中心相連，另一條則連接到服務中心（提供符合他人期望的事物）。當然，大家都希望他能獲勝，因為他在乎自己的粉絲，他的擁護者遍布世界各地。

然而，如此充足（過度）的自信、好勝的壓力，以及對於冒險的需求，通常會帶來一定的代價。2013 年 12 月，舒馬克在滑雪意外中受到腦部創傷。他穿越一處不安全的賽道外區域時不慎摔落，頭部撞擊岩石，因此頭部嚴重受傷。他接受醫療但仍昏迷長達六個月，家人對於他的病情甚少對外透露。有些記者表示他陷入癱瘓，必須坐在輪椅上，無法說話，而且記憶力也有問題。

泰勒絲

(Taylor Swift)

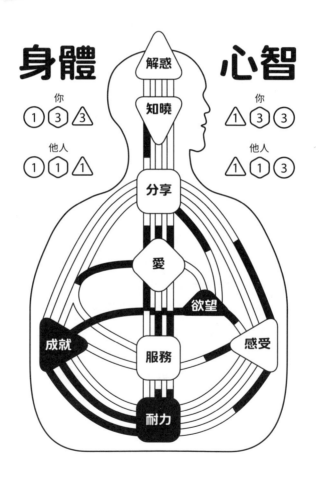

最棒的禮物
我們都是機器人！

看完大膽無懼的名人，在我們繼續探討班圖的運作原理之前，來看看不同風格的最後一個案例，也就是當今最成功的音樂人之一，泰勒絲。

　　我選擇她的原因，是因為我曾在 YouTube 上看過《泰勒絲：只為了你》（Taylor Swift: Just For You）這部紀錄片。我超愛紀錄片，因為如果知道某人的精確出生時間，就能透過紀錄片學到更多本命圖中的資訊。

　　泰勒絲不只是相當成功的年輕藝人與表演家，同時也是富有創造力的作曲家。你在許多音樂人，特別是歌手與作家身上，可以發現他們在身體這一側是三角 3。基於對良好感受的需求，他們在情感上相當敏感，因此也有透過歌曲與歌聲讓其他人感覺良好的天賦。

　　但泰勒絲真正令人驚訝的，是成功主軸在本命圖中全然的掌控性。首先，你能看到在心智層面的三角形主軸，接著是通往成就中心的三條通道，其中兩條連接到耐力中心，另一條則連接到欲望中心。這或許是我所見過最強烈的成功主軸搭配，她也因此成為最投入於事業的類型。但彷彿這樣還不夠似的，她在「他人」欄位也有兩個三角形成功主軸，代表她喜歡身邊圍繞著努力工作、將其餘一切置之第二順位的人。她對浪費時間的人不感興趣，她希望身旁的人活在成功之中。更勝於此的是，她還具有最高度的自信心組合：兩個六角 3。有趣的是她具有圓形 1，代表她傾向於回應，而不愛打擾或以肢體「攻擊」別人。不過六角 3 讓她不害怕他人，也不會躲藏，她喜歡受到邀請。她對別人很有耐心，能夠等待正確的人前來。她不會追趕別人，而是讓別人接近自己。

她以喜歡跟粉絲互動著名，願意花整天的時間來簽名。她不會在身邊築起高牆，而且對於自己的身體與能力很有自信。

她在心智這一側有兩個 3，六角 3 與圓形 3，而這與身體層面不同。首先，圓形 3／六角 3 主軸的心智總是懷抱著遠大夢想，他們知道自己想要什麼，並且努力追尋，他們在生命中具有崇高的抱負。但她也可以很有說服力，何以見得，因為她在納許維爾不斷向唱片公司自我推薦，並且在年僅 15 歲時就試圖說服對方簽約。他們拒絕她，還趕她走，但是她不斷找上門，這全仰賴她的雙重耐力中心。但另一個重點在於她的雙重六角 3，使她相當能夠承受拒絕與批評。她的臉皮很厚，不會因為挫敗而受傷。我們也知道，六角 3 主軸的感受可能比較遲鈍，把前男友拿來寫歌，也是她的著名事蹟。

她曾經說過：「身處藝能界，就必須好勝又耐操。」了解她的人都說，她不讓任何事物擋在通往夢想的道路上。她在自己的巡迴巴士上簽下「永不放棄」。

具有雙重耐力中心與三重成就中心的人，就是會這麼做。

還有一件有趣的事，她在解惑跟知曉中心之間沒有任何通道或閘門。即便在知曉與分享中心之間，也只有一個懸啟閘門。這讓你了解，程式並未對泰勒絲施壓，要她在人生中花大把時間了解事物或釐清來龍去脈。

人生閘門

　　本命圖中閘門並非全部平等，有四個閘門的重要性高人一等，太陽與地球在你出生當下以及三個月前的位置，決定了這四個閘門。我們已經得知有 13 個天體會對應於身體與心智層面，形成一共 26 個閘門。

　　看看下頁的示意圖，有四個閘門在通道上被特別標示出來，這些閘門定義了一個人的人生角色，呈現出這些人的生命重點。這幾個人生閘門所屬的能量中心，同樣以亮框標示。

　　此圖的例子是伊雯‧瑞秋‧伍德（Evan Rachel Wood），她以飾演《西方極樂園》（Westworld）片中的朵羅瑞絲（Dolores）一角所知名。你可以在 baantu.com 網站上讀取她的資料，確定細部的顏色。有趣的是，可以看到她有兩個亮框閘門位於未啟動的能量中心。在沒有分析人生閘門前就對一個人妄下論斷，等於是落入圈套，也太過疏忽。縱使你出生時的本命圖中有某個能量中心並未啟動，並不代表該中心不重要。恰恰相反的是，這只代表這項中心並非恆久啟動。我們已經知道能透過幾種其他方法來啟動懸啟閘門，而且其中一種可能性就是沒有啟動的能量中心。其他的方式包含星宿移訪（13 個天體的當下位置），或是跟某個具有與

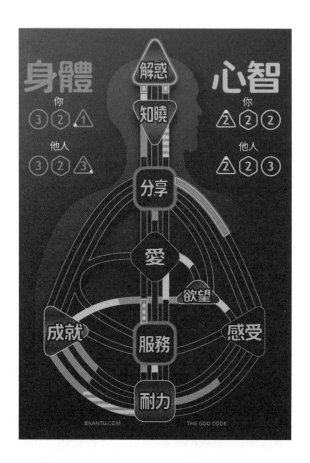

你其中一個懸啟閘門相對閘門的人互動。

　　讓我們看看伍德的資料,可以看到有兩個人生閘門從解惑中心向下延伸,代表這是她生命中最重要的特質,另外,分享中心與服務中心也各有一個人生閘門。

　　服務中心與分享中心在她的本命圖中並未啟動,如果我們沒有將她受到太陽與地球所啟動的人生閘門特別標示出

最棒的禮物
我們都是機器人!

來，可能就會被忽略掉。

　　舉例來說，當服務中心與分享中心沒有啟動，卻被標示時，表示它們在你的生命中非常重要，只不過並非恆久啟動。就好比程式在對你持續施壓一段時間後，讓你能稍微喘口氣。如果要更了解這一點，你必須看看人生閘門是否形成完整通道，或僅止於懸啟的狀態。只要有人生閘門與另外一個閘門形成通道就夠了，通道的兩端不一定都得是人生閘門。在伍德的例子中，左上方從解惑中心向下延伸的閘門有形成通道，代表這條通道會一輩子啟動。她不需要其他人來幫她開啟，也不需要等待星宿移訪（在「簡易」頁面中以紅色閃電符號標示）。但她的其他三個人生閘門處於懸啟狀態，為了讓她有機會體現這些閘門，她必須等待正確的時刻或人物來打開它們。

　　你可以清楚發現，伍德並不是盲目接收資訊的人，她總會試圖靠自己解決問題與思考。她有自己的想法，但由於具有欲望中心，她也可能極為固執。她的生命能量中心同時包含分享中心與服務中心，所以她相當樂於分享，也希望能了解其他人的需求。她或許會很固執，但這是讓她可以只做想做的事的重要特質（你沒辦法強迫她）；不過她仍會注意其他人的期望，只是並非總是如此。她的服務與分享中心沒有持續啟動，但當它們啟動時，她會感受到這些壓力，而這些主軸也變得對她非常重要。

人際關係

這是 baantu.com 網站上最受歡迎的功能，我不認為目前世界上有任何其他系統，能提供你如此準確又一致的資訊來解釋兩人之間的關係。（編按：後續章節中介紹的內容，有部分是付費會員才能使用的功能。）

最棒的禮物
我們都是機器人！

利用班圖，你不只能瀏覽自己私人資料庫中的對象，也能搜尋所有註冊用戶以及上千位名人。你可以透過姓名、城市、縣區與國家來瀏覽註冊用戶。在你瀏覽時，這些人的照片旁邊會自動出現人際關係的「星等評價」。除此之外，你還能透過標記看見其他人是否具有你所尋找的六大特質（對照你本命圖的「他人」欄位）。圓形、六角形與三角形圖案下方的圓點，代表此人具有你所尋找的哪種特質（取自你的「他人」欄位）。如果你看到叉叉，表示這項特質對你而言有點困擾，因為你既不想尋找這項特質，也無法與這種人相處（你本身缺少相同特質）。然而，圓點與叉叉只是人際關係計算中的一個面向，用來解釋為什麼你與圓點少的人獲得較高的星等評價，卻與具有許多圓點的人取得較低的星等評價。

　　人物資料庫（上頁圖中瀏覽所有人的地方）中的星等評價，是由系統內所有帳號持有人的資料庫統計所得來結果。基於此原因，很重要的一點，不要任意改變自己的出生資料。

　　星等評價對你有什麼意義？這並非在告訴你哪個對象適合你，這種事只有你自己知道。有許多其他因素能決定誰適合你，但那些細節都不是班圖能探索得到的。的確，班圖無法顯示兩人在生理層面的相互吸引程度，也無法挖掘「愛」的祕密。透過班圖能看見的是，另一個人是否具有你大致上會喜歡的性格，也可以顯示另一個人的特質是否能與你融洽共處，我們也會在本章節稍後探討其他的要素。但首先要了解：星等評價到底用來做什麼？

　　星等評價無關乎改變對方或改變自己。班圖從來不是提

供這樣的用途，這不是生命或人際關係的「指導」系統，更不是提供修正方案的工具，你要記住，班圖只是洞悉一個人本質的顯微鏡。你可以親自見證，哪些事情是無可改變的，因為有特定因子並非人類所能掌控。經由「試圖改變它們」的方式來度過此生，你可能會把人際關係破壞殆盡。你應該學習管理各種人際關係，學著與其共事，而不要與之對抗。你無法改變程式帶來的影響，你無法改變暗物質的班分體掌控我們的方式。它們希望你與特定類型的人共處，使宇宙得以健全。生命是必須遵循特定格局的有機體，而人類無法干預格局。

　　星等評價本質上顯示你希望花多少時間與特定對象相處。星等評價較低，並不代表世界末日，也不表示此人對你有「壞處」。只是代表程式在一段時間過後，會提醒你還有其他事情要做，這個人正在拖延你完成使命或活動的腳步。當別人對於你的星等評價較低，表示他們可能在一段時間後會造成你困擾，或是受到你的困擾，但別往心裡去，也別太過黑白分明，沒有所謂完美的人際關係。

　　如果某些人的星等評價較高，你或許可以多花點時間與對方相處，因為他們也許能協助你完成程式對你的期望。然而並非所有五顆星的人對你來說都是「對的人」。理論上，那只是代表你可能花更多時間與他們相處。決定你人生中遇見理想對象的控制機制，還有其他因子存在，例如磁單極。星等評價提供你的資訊只有你在那些對象身上會花多少時間而已。

想要更進一步的了解人際關係，你必須按下「A」、「B」按鈕，分別將某個人讀取到「A」欄位，另一位讀取到「B」欄位中。每當你登入 baantu.com 網站時候，系統就會將你的資料讀取到「A」、「B」欄位。如果想要觀察特定的人際關係，只需要將另一個人讀取到已經啟動的欄位，接著再把「👤」切換到人際關係模式「👥」，就能看見人際關係資訊。

「A」、「B」按鈕上方是切換「簡易」與「圖像」的開關，我建議你從「簡易」模式開始，裡頭有必要的資訊。

雖然你在人物資料庫（清單）受限制，只能觀看與自己相對星等的評價，你可以載入**任何人**的資料到「A」與「B」欄位， 讀取任兩人之間儲存在 baantu.com 網站上的人際關係評分。當然你也可以把知道出生時間的人們的資料建檔起來，透過「儲存」按鍵建檔的資料，**並不會**被其他人看見。只有主帳號持有人的資料會被分享（但不會透露出生資料給其他使用者）。所有資料都不會受到像 Google 這類搜尋引擎編入索引，帳號持有人的資料只會被其他註冊用戶看見，而這些用戶同樣也分享了自己的資料，就如這句格言：「你告訴我，我就告訴你。」

沒有人需要對自己的資料感到羞愧，揭露資料也不會對自己不利。對某人「好」的東西，可能會對某人「不好」，反之亦然。我也認為如果大家都能更了解你、明白對你而言重要的是什麼、知道什麼會讓你不開心或引起你的反應，是一件很美好的事。他們或許會因為知道你的喜好，而與你更融洽相處。這一切真的無關於讓自己或其他人「改變」，而是在於了解與接納自我。

在班圖上最先看到的人際關係特質，是某人適應另一個人的程度，適應性並非總是最明顯的特質，當你見到某人時所擦出的「火花」，通常來自於「吸引力」特質，班圖中也會估量這一點。

另一方面，適應性是綜觀你的所有特質，包括四個六角形、四個圓形與四個三角形數字，將之與另一個人相互比較。我也會觀看本命圖中的其他面向，例如閘門、通道、能量中心與人生閘門，藉此分析兩個人有多麼**相似**。兩人的相似程度愈高，愈能了解對方的行為與期望，尤其能得知彼此如何共同完成目標。

適應性並不是我們在另一個人身上所「尋找」的特質，吸引力才是。而這取決於雙方本命圖中位於「他人」欄位裡的兩個六角形、圓形與三角形特質，這會在「簡易」中「👥」頁面的「有吸引力」刻度表下方以綠燈表示。

最後，這兩項特質（吸引力與適應性）並無法單獨發揮最大效果。我認為同時具有一定程度的兩者，對於關係會有所幫助。即便相互吸引的程度達到最高，如果雙方完全無法適應彼此，未來也不會有太大進展；同樣地，縱然彼此適應的程度絕佳，若對方並沒有你所尋找的特質，也一樣沒戲唱。

在「A」與「B」下方，六角形、圓形與三角形旁邊的幾排亮燈，代表一個人是否具有對方所期望的特質。基本上顯示一個人在本命圖「他人」區域的特質，是否與對方在「你」區域的特質相互匹配。

與「適應性」相較之下，這部分顯示的並不是雙向的特

最棒的禮物
我們都是機器人！

質，某人可能對另一個人比較有吸引力，反之亦然。綠燈的數量影響了下方的吸引力刻度表，可以告訴你此人所具有的各項特質（六角形、三角形或圓形）是否吸引對方。

當亮燈是紅色時，表示此人的這項特質不僅沒有吸引力，也沒有適應性（與另一人所具有的特質不同）。量表顯示的他人特質，可能有三種情況：

1）對方具有你想在他人身上尋找的特質（綠燈）。

2）對方沒有你所尋找的特質，但與你能夠相互適應（無亮燈）。

3）對方沒有你所尋找的特質，也無法與你相互適應（紅燈）。

在人物資料庫中，紅燈項目會在六個符號下方以小 x 標示，綠燈項目則會以小點表示，讓你能在瀏覽時得知概況。

讓我們談談人際關係的另一個層面。你已經從書中章節得知，九大能量中心的通道可能透過三種方法形成。根據出生時的行星位置所形成的通道，已經「預設」在你的本命圖中。

此外，我們還加入了行星的目前位置（星宿移訪），這將啟動更多閘門，並可能開通更多通道。

第三種可能的啟動方法，來自閘門正好可以接通你的懸啟閘門的其他人。無論啟動的方式是哪種，都會讓你覺得更有動力想從事特定行為。看看自己的本命圖，上頭有些未形成通道的懸啟閘門，當兩人見面時，如果彼此具有能夠形成通道的懸啟閘門，通道就會啟動。此時會忽然感受到對於特

定活動的壓力或動力提升，這是雙方都會有所感受的雙向特質。

有趣的是，我們會在見到陌生人時有這種體認，我不知道天生本質是如何讓我們有這種認知，但假如你見到的某人，能與你的懸啟閘門形成大量連接，即便在人滿為患的房間的相對兩端，即便你還沒有機會與對方交談或者有所認識，此人都可能激起你的興趣。

但有句話要說在前頭：單純**站**在對方身邊，是無法啟動通道的，你們必須共同**從事**某個活動，必須有所互動，才能夠感受並展現通道的動力。人際關係通道的差別在於，派對的交流只會受到彼此**各自**的特點，也就是各自的能量中心驅動。但該中心只有在對方將通道另一端的閘門（以及另一邊的能量中心）帶進人際關係裡頭，例如分享某件工作時才會啟動。

當你觀看在「額外動力」區塊中的「合計」刻度表時，可以看見一個人在人際關係中所感受到的額外動力，通常這是雙向指標。

在此有一點必須注意：在稍早的章節中，我們曾經談過人生閘門以及它們在我們人生中的重要性。

看看人際關係頁面中的黑色方格裡顯示的紅色數字，這代表人生閘門在人際關係中的影響力。

「額外動力」欄位顯示你有多少個人生閘門受到對方啟動。在一段關係中，兩人通常會具有不同的人生閘門，所以這一項不一定是雙向均等，有時候某人的動力可能大於另一人。透過紅色數字，你可以看見是否其中一人的動力比對方

大，假如數字相同，表示雙方都能感受到相同動力。

在「合計」下方的刻度表將動力分解成不同主軸，我們將在下一章節「迴路」中探討。

最後，我們來談談「支配」刻度表。一般而言，支配並不是好現象，意味著有某個人一直無法順心如意或經常受到忽視。支配的程度愈高，代表本命圖中受到支配所影響的層面（閘門）愈多。

班圖中的支配代表其中一人具有完整通道，而另一人在這條通道上只有懸啟閘門，表示具有完整通道的這一方正掌控著一切，不讓對方有機會體現自己的閘門，等於另一方的閘門受到剝奪。

支配並不是雙向價值，因此，某人對於另一方的支配程度可能比較高，而反之非然。你並不一定會立刻注意到支配現象，尤其當吸引力較高，而且懷有強烈的印象與讚賞時更是如此。在師生關係中也許沒問題。並非所有支配關係都是大問題，只有當雙方期望相互平等或長時間共處的情況下才有問題。

在人際關係的初期，當我們剛認識時比較能相互包容。但支配好比人際關係中的一氧化碳，是無形的殺手。危險的地方在於，支配者通常不會察覺支配關係，甚至對於自身行為所帶來的影響毫無頭緒，因為支配並不是雙向關係。班圖在這方面就能派上用場，你可以了解自己是否正支配著某人，儘管不容易扭轉這層關係，有時候你所能做的，也就是讓對方在這段關係中擁有一點喘息的空間。

關於「支配」還有另一個典型誤解，就是認為雙方具有等量的支配項目就沒問題，其實這個問題很大。這只代表雙方在不同領域具有支配地位，而且會讓關係更加惡化，支配是不會「平衡」的。這種情況下不只其中一人，而是兩人都會抱怨受到對方輕視，無論何時其中一方受到支配，憤怒感都會不斷增長，挫折感也會隨著時間累積。

與「額外動力」相似，我們也能在「支配」下方看到我們重要的人生閘門如何受到影響。如果你的人生閘門在本命圖中形成通道，你就不會在這項主軸上受到任何人支配，你也不需要其他人來體現你的人生閘門，不用靠其他人啟動人生閘門，也不會因為他人的支配而受到阻擋。

當某人支配你的人生閘門（角色）時，通常是你所遇到最糟糕的情況，這發生在當你的人生閘門懸啟，而對方卻具有包括這個閘門在內的完整通道時。黑色方格中的紅色數字，分別顯示你在生命角色中的心智與身體層面有多少人生閘門受到對方支配。

我們在人際關係頁面所看不見的是「愛」。如果你閱讀我的另一本書《拉‧烏盧‧胡的人類大預言》，你會讀到「愛」是磁單極的副產品，也與班水晶在大霹靂中四散成無數分體時所形成的階層有關。

蘊含於生命型態中，並對生命帶來影響力的所有班分體，與我們存在著看不見的關係。然而，我們所經歷的「愛」，是由我們體內的磁單極所決定，可以告訴我們人生中所遇見

「對」的人與場所。這項機制獨立於 baantu.com 網站上的星等評價之外。首先,你需要在生命中擁有合適的人,也就是磁單極控制我們感受到「愛」的對象。接著,班分體所掌控我們在心智與身體層面的星等評價或影響力,則決定我們在人生中花多少時間與這些人相處。

迴路

接著讓我們談談本命圖中關於通道的另一層資訊。你可能曾覺得好奇，為什麼有些能量中心之間有超過一條的可能連線（通道），例如：好幾個能量中心都有三條連線，有些甚至多達四條，像是分享／愛以及服務／愛。

所謂的迴路跟機器的迴路一樣，都是由多個元件所構成，每個元件負責不同的工作，但有些元件能共同完成更龐大的任務。

大多數通道都屬於一組更大的迴路，只有四條通道靠自己獨立運作，它們不屬於任何迴路，也不用負責比本身特性更大的主軸。

為了更加了解迴路，必須觀察迴路中的能量中心有沒有啟動。

四組迴路分別是：
● 集體感受
● 集體成就
● 創意
● 社群

最棒的禮物
我們都是機器人！

共有迴路

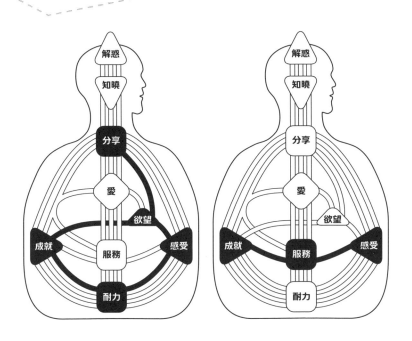

　　共有迴路是任何社群的基礎，無論是家庭、村落、工作，或是你在閒暇時間與一群人所從事的活動。共有迴路是關於建立與維持社群，並且包含平常與熟識之人的個人接觸在內。

　　共有迴路由兩個子迴路構成，而這兩個子迴路的整體主

軸當然是對社群的支持。每個社群都是建立在承諾、支持與協議之上，並且根據這一切來運作。共有迴路好比契約，是形成任何社群的基礎，可以理解成互利共生，如果你破壞契約，就會受到社群的懲罰或驅逐。

要理解本命圖中的某條通道，最好先分辨它屬於哪一組迴路，才能摸清楚全貌。

迴路確實描繪出行為活動的類型，但更重要的是，能告訴你自己的行為是為誰而做。一旦確立過後，你就能更深刻了解通道本身以及兩端的能量中心。因此，真正的技巧在於一併檢視，包括所有不同的通道、迴路、能量中心、六角形、三角形與圓形特質。當你成為詮釋的能手，故事自然浮現眼前。

當某人具有屬於共有迴路的通道時，行為活動一定會與社群中的他人相關，不會單獨進行，也不會僅止於個人範疇。舉例而言，我的本命圖中沒什麼「共有」特質，對我而言，身為社群以及社群規範下的一份子，會讓我覺得喘不過氣。我不太在乎他人的個人問題，我不想成為每周聚會一次的鄉村俱樂部會員，我算不上是「社交人」。社群有極為嚴苛的規範與義務，如果你不依循行事、不願意交換條件，那你麻煩就大了，這點小至家庭或大至歐盟都一樣。

看看共有迴路開通的能量中心，裡頭沒有知曉和解惑中心。觀察迴路中的能量中心開通與否，總能帶來更佳的理解。但社群迴路不太在意理不理解，那是其他迴路的工作。共有迴路是關於你的職責，以及滿足他人的義務。共有迴路也不在乎愛，也就是說他們無法只從事自己喜愛的事物。以前，

社群會安排相親，在世界上某些地區仍有這種習俗，你必須照料自己的家庭以及社群內患病的成員，無論你愛不愛他們，而社群也不在乎。身處於社群之內就像簽署契約，重點在於支持，沒有空間討論你的想法或你的喜好，只有需要完成的事物以及其他人的需求，端看通道屬於哪條子迴路而定。某人可能重視欲望，其他人可能看重服務。

當你看見某人具有屬於社群的通道時，不要過度解釋，最好看看迴路中具有（以及缺少）哪些能量中心，這能讓你對通道本身以及相連的兩個中心獲得另一層理解。能同時解讀各種不同層面，稱得上一門藝術。

大部分的社群通道，是在社群中以幫社群賺錢及花錢為基礎，其中一方受到成就中心所推動，另一方則由感受中心所驅使。它們能確保社群的成功，也能保證社群成員獲得良好感受。

社群並不擅長分享，與其他迴路相比，只有一條線路連接到分享中心，而且另一端通往欲望中心。這代表社群只會分享自己想要分享的事物，而且可能藏私，你沒辦法「叫」他們分享。真正的分享並非以討價還價為基礎，也不期望獲得任何回報。社群也可能固執行事（欲望中心）。由於缺少知曉與解惑中心，所以行事可能並不理性。社群行事一切都是以「互助互利」為出發點，如果你拒絕，其他人就威脅要把你攆走。具有來自這組迴路通道的人會期望你報恩，他們需要成為社群的一部份才能繁茂興旺，他們不想在荒蕪孤島上獨自生存。

集體迴路

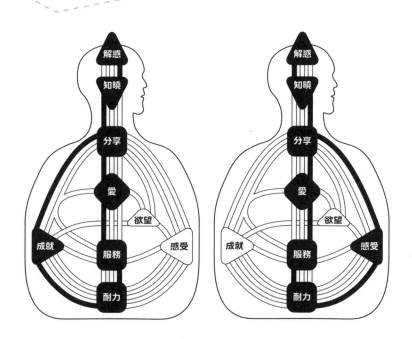

　　當你看著一組迴路，通常會先知道自己是為了誰而付出，與通道所相關的活動目的何在。共有迴路整體是關於支持、建立與維持社群。集體迴路，顧名思義，是以大眾為依歸。很多時候你並不知道自己努力工作是為了哪一個人。你可能

最棒的禮物
我們都是機器人！

透過這些通道的其中之一來面對陌生人，但如果是在共有迴路通道的情況下，通常會建立私交，並且頻繁地見到對方。

想想國會議員，他們通常無法花時間與每位市民會面，並傾聽每位市民的個人問題。他們主要著重在能夠改善**許多人**生活的事物上，而非獨善一人，但最重要的是，他們並不像社群一樣斤斤計較討價還價，集體迴路並不會等待他人回報恩情。

若要強調共有迴路與集體迴路在班圖中的差異，你必須了解，具有共有通道的人會受到奉獻於社群的動力所驅使。為了建立並維繫社群，成員必須遵守他們的規範、契約與協議。有許多義務都符合社群的要求與期望，也是讓具有這些通道之人願意「打勾」的方式。

具有集體通道的人不會如此緊密，並不像社群這麼「親密」。集體迴路沒有「互助互利」的心態，不想提供支持時也不會受罰。所謂的集體或許比較疏遠，但也不會對於回報所有期待。集體迴路比較像自由工作者，仍然懷抱著改善他人生活的意圖。他們自由自在，但也因此少了點獲得支持與助力的保證。相反的，社群的感覺比較像享有權利的受雇職員。

音樂家為了廣大群眾而舉辦音樂會，尤其在不認識觀眾的情況下，是提供了集體服務。對於各大報或電視台記者或書籍作者而言也是同樣道理，他們是為了眾人而努力。即便當他們與某人談話時，通常也不只是想聽一個人的故事，而是為了從對話中蒐羅資訊，藉此在造福集體的基礎上分享受眾，分享給廣大的世界，不是為了一人量身訂做。

看看本章開頭圖中的成功與感受集體迴路，兩者都缺少欲望，欲望中心並未啟動、不在這組迴路裡。所以假如你有集體通道，通常無關於**你**的渴望。集體迴路也與固執的性格無關。

集體迴路這兩組子迴路的差異在於，其中一者受成就所驅動，另一者則以感受為出發點。

其實這相當容易理解。你可能幫助群體獲得成就，或是確保大眾取得良好感受。你也可以倒過來說，主張一個人能透過為眾人付出努力而獲得成就，或著進行某件事情或工作讓人們感覺良好。總之，無論你做什麼都與集體有關。

舉例來說，看看連接解惑與知曉中心的三條通道，其中兩條都與服務集體相關。其中一條連接到**成就**，另一條連接到**良好感受**。簡而言之，這表示如果你想要解決問題，而且具有感受主軸的集體迴路通道，你只能從心理層面解決問題，或是透過心理思考某件能為大眾帶來良好感受的事物。

最棒的禮物
我們都是機器人！

創意迴路

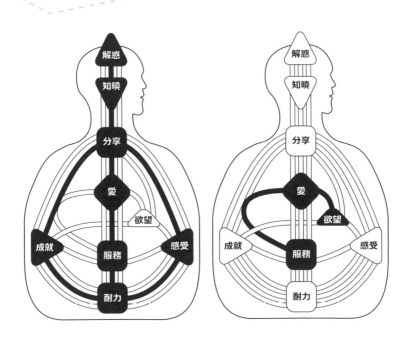

　　這組迴路比較無關於我們為**誰**而做，而是我們做了**什麼**，它負責將嶄新事物帶到世界上。這些通道主掌創新與創意，它們是突變的原動力。

　　共有迴路或集體迴路並不會開創新的事物，或許能夠改

善事物，但是並沒有創造力。具有創意的人都知道，創造力是無法掌控的，它有自己的節奏與時機。憂鬱是創造過程中重要的一部分。憂鬱是等待的結果，這是由於過度沉溺於讓新事物奇蹟般地憑空出現造成的。只有本身缺乏創意通道的人，才可能把生理上的憂鬱與情緒低落搞混，憂鬱並不是悲傷。

自然界的突變並非循序漸進地發生，一直以來都是不期然地出現。可能長時間以來都沒有異樣，然後突然間就有新的事物出現，好比智人並非逐步演變而來，尼安德人並不是逐漸變化成智人。

創意迴路相較於集體迴路與共有迴路並沒有相同的責任。創意迴路不是為他人，而是為了自己，所以有時候會成為社群或團體眼中「我行我素」或「無法預期」的個體。富有創意之人不會妄下承諾，這可能會觸怒社群。同時，他們的發明對人類而言很重要。假如某人的分享中心被這組迴路啟動，他們會感受到想分享自身創意或發明的衝動。這組迴路能確保（透過你所看到的啟動中心）自己不只與其他人分享，還能讓大家獲得良好感受、幫助眾人成功，並且留意他人的期望（服務中心）。

無迴路

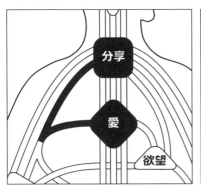

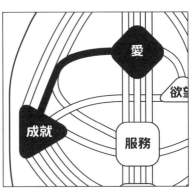

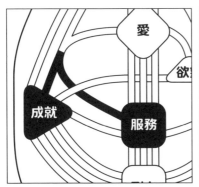

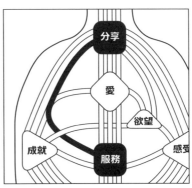

我們有四條通道完全不屬於任何迴路，它們並沒有「更崇高的責任」。程式對他們要求的唯一責任，就是把自己給管好。這些通道是維繫生存的機器，能確保人類這個物種不會在危機時期滅亡。

　　與連接到各組迴路的通道相比，它們最大的不同在於，這些通路對社群、大眾或創意並沒有任何責任。這幾條通道獨立於這些較大主軸之外運作，也表示它們會將自身利益擺在第一位。

　　雖然這並不代表這類型的人不會幫助別人，但他們只有在安全並且自保富裕的前提下才會出手，或者也能說，他們只會在不損及自身生活品質的前提下伸出援手。

　　我們可以看到這些通道分別具有分享、愛與服務主軸，因此他們並非真的毫無貢獻，而是你必須了解他們願意提供貢獻的附加條件。具有這些通道的人，儘管明白其他人的期望是什麼，依舊會為了自我而行事。他們可能相當直率，偶爾會被其他迴路的人形容成「自私」。他們想不通為什麼要為了別人受苦，至少無法與具有其他迴路通道的人犧牲到同等程度。即便他們要受苦，也必須為了自身的利益而受苦。

動力刻度表

動力刻度表

合計 7

團隊 18

精神 8

身體 4

創意 5

領導 5

成就 0

感受 3

集體 5

社群 0

最棒的禮物
我們都是機器人！

你可以在「簡易」頁面看見自己「👤」或人際關係模式「👥」的動力刻度表。這些刻度表分析所有啟動的通道，並將結果分成數個主軸。舉例而言，可以看到本命圖中有幾條通道屬於心理層面或身體層面，同時也有通道的合計數量。如果你將自己的刻度表與其他人比較，會發現有些人從事行為的動力比較高。但別忘了預設資料（僅使用出生時間）並無法顯示全貌。有些人光看出生時間，並沒有太多啟動的通道，但當你加入星宿移訪（行星目前位置）後，會看見動力顯著增加。

若要加入星宿移訪資訊，按下標記 48 時、週、月、半年的按鈕，班圖會自動分析各條通道於所選擇期間內，會在何時啟動多長時間。在「圖像」模式中按下這些按鈕，你可以看到期間內的所有啟動通道，啟動時間較長的通道，顏色會比啟動時間較短的通道更加明亮。你可以將鼠標移動到通道上，觀看啟動時間有多長。當顯示為 100% 時，代表在所選期間內會持續啟動。

如果有通道屬於特定迴路，某些刻度表會因此跳動，也可以看到哪些能量中心受到通道所啟動，就拿「感受」與「成就」量表為例。這兩個刻度表看的是集體的成就與感受迴路，但有多少通道連接至成就或感受中心，與其所屬迴路無關。

在人際關係頁面「」中，你將看見兩個人之間的額外動力刻度表，這是你在自我頁面「👤」中所看不到的。

在單人模式的「簡易」、「👤」頁面，有個刻度表標示著「團隊」，顯示出有定義的通道與懸啟閘門的比率。啟動的通道愈多，代表你單打獨鬥的動力愈高。懸啟閘門則會提升你尋求其他人的動力，使你得以運用懸啟中的閘門。某些人具有許多懸啟閘門，但啟動的通道卻很少，有些人則正好相反。當然，當你按下星宿移訪的週期按鈕時，或許會有更多通道被啟動，此時你的團隊合作動力就會下降。有些時候你會想要與其他人共事的動力，有些時候則會失去那份積極性，但顯然也有某些人與其他人相較之下，會更願意團隊合作。

關於「領導」刻度表需要額外解釋一下，因為可能跟你最初想的不一樣。這裡指的並不是你想成為領導者的動力，也並非顯示某人是「好」或「壞」的領導者。再次重申，班圖不會透露某人在某件事中是「好」或「壞」。而是幫助人們了解，領導有很多種途徑。這個刻度表是本命圖中央柱狀部位的通道啟動與否的副產品。在分享中心到服務中心之間的六條通道，如果有任何一條啟動，其他人就會更傾向於追隨此人，這種領導力不會強加在他人身上。某些擁有這些通道的人或許根本不想成為領導者，卻仍然成為能激勵眾人的典範，其他人因此想要追隨。這有時候會演變成極端處境，使其他人願意為他們做任何事，甚至是赴湯蹈火。（下頁圖顯示六條通道）

當某人的這六條通道至少有一條啟動時，其他人會更傾

最棒的禮物
我們都是機器人！

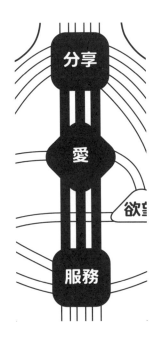

向於信任此人的方向，幾乎到達盲信的程度。然而這也可能造成反效果，當其他人稍後發現自己的盲信沒有價值或是遭到濫用時，或許會因此憤怒。

不具有這些領導能力通道的人，必須更努力說服其他人，但優點在於人們比較不會在之後感到失望，因為大家都知道自己為何信任此人。

其他人的特質

身體　心智

你
② ① ③

你
③ ③ ③

他人
① ② ①

他人
① ② ③

　　我們已經談過「他人」層面的三角形特性,接著來聊聊其他符號透露了什麼。它們顯示我們會喜歡其他人具有什麼特質、受到其他人哪些性格所吸引。如果某人本身的「你」欄位中具有許多你在「他人」欄位的特質,他們在人際關係頁面的「吸引力」刻度表就會上升。當某人具有與你在「他人」欄位中相同的特質,你也會看見綠色燈號亮起。

　　在解釋本書所收錄其他幾位名人的資料前,同樣拿我本身的範例來說明這如何運作。

　　首先可以看到,我喜歡在身心兩側都有三角1(成功)與六角2(現實主義者)的人。這表示我喜歡的人應該會在獲

最棒的禮物
我們都是機器人!

得成功時感到開心，也就是在身體與心智層面都努力打拚而且又有紀律，但同時也要懷抱實際的期望。我不喜歡愛做夢的人，也不喜歡總是杞人憂天的悲觀主義者，我偏好有自信，卻不過度自信的人。

我們看看圓形符號，你可以發現我喜歡在心智層面跟我同樣具有圓形 3（發起者）的人。我喜歡了解自身期許並在人生中努力追尋的人。我喜歡能表達自己期望、懷抱願景、在人生中有所期待的人。但在身體層面就不是這麼回事。我們可以看見圓形 1，表示我偏好不會一直找事情打擾我的人。我不喜歡總是追著別人屁股的人，但我也不太喜歡跟我一樣的機會主義者。我偏好坐等邀請上門的人，也就是雖然有能力，但願意等待時機做出回應或反應的人。如果是蠻橫強求而且馬不停蹄的人，對我來說有點難以招架。我偏好在身體行為方面「被動」，但在心智與交談方面又能「主動」的人。我喜歡在有具體想法時勇於發言，但不會實際上門打擾，只會在別人需要時採取行動的人。

就理想而言，你希望其他人具有在「他人」欄位顯示的特質。但你真正無法忍受的，是某人的特質不只與「他人」欄位顯示的不同，而且又跟「你」欄位顯示的數字不同。這表示你通常不會覺得對方有吸引力，也無法適應對方。當對方的特質跟「你」與「他人」欄位都不同時，會引起你最差的反應。

目標

你會喜歡的其他人的特質（「他人」欄位顯示的六個符號），其實是你自己想要擁有的特質。我之前說，本命圖中的第二排符號代表我們所喜歡的人格類型，有點像是鬧著玩。雖然這點沒錯，但那顯示的是我們自己想要成為什麼樣的人，是我們的抱負。

如果你有想改變性格的目標或欲望，你當然也喜歡具有這些特質的人。所以「他人」欄位基本上告訴我們兩件事：你想變成什麼樣子**以及**你喜歡什麼樣的人。

身體　　心智

你
② ① ③ 　 ③ ③ ③

他人
① ② ① 　 ① ② ③

最棒的禮物
我們都是機器人！

同樣以我為例，我在心智層面具有圓形 3，而且我的目標也是圓形 3。表示我並沒有想要改變的欲望，恰恰相反，我相當滿意我的應對方式。我很樂意當個會在想說的時候把期望說出來的發起者。

不過當你看我的三角形主軸，我確實會把「樂趣」擺在人生中的優先順位，然而我在「他人」欄位具有三角 1，意味著我有想要成功的欲望。你可以把「他人」這兩個字換成「目標」。我或許不會一直獲得成功，因為「樂趣」主軸總是會左右我的人生，但我會努力嘗試。

再看看我的身體層面，圓形 1 表示我想要更加放鬆，但六角 2 這個目標，代表我想要比實際上擁有六角 1 的自己更有勇氣。

如果某人在「你」欄位具有六角 3，而且在「他人」欄位具有六角 1，他或許會成為無畏／無恥之人，但也會致力於謹慎行事。

生命週期

當我們觀察班圖中的資料，可以看見兩種區別。首先是決定你本質的特性，再者是能夠吸引你的環境、你喜歡相處的人是什麼類型。

「你是誰」跟「你的環境是什麼模樣」這兩種因子是你生命的總合。想像你飄浮在太空中，周圍空無一物。假如身邊什麼都沒有，什麼事情都不能做，什麼也看不見，你又怎麼知道你是誰？只有當你置身於特定環境中，才可能顯現你各個部分的本質。是你身邊的人與生命賦予你互動的機會。

兩個人可能具有相同的特性，但假如將他們放在不同環境中，兩人的生命或許截然不同。我們都知道環境塑造了你，這是種影響力，但也提供你特定的機會來體現自我，同時阻止你體現某些面向的自己。有許多電影與故事著墨於這項主題，例如《乞丐王子》（The Prince and the Pauper）以及《你整我，我整你》（Trading Places）。

最棒的禮物
我們都是機器人！

在班圖頁面中，有個像上圖的小面版標示著「生命週期」，上面顯示兩個日期，分別是「重複」以及「反映」。我發現與我們環境相關的某些主軸有重複的週期。這些週期與月交點（Lunar Nodes）連結，持續時間大約是 18.6 年。每經過 18.6 年，你生命中的某項主軸就會重複。只要觀察你的環境如何對待你、你所置身的場所特質，還有哪些類型的人出現在生活中或與你共事，就可以發現這件事。

有時候你會覺得這段時間過得相當艱困，有時候又覺得人生「輕鬆愉快」，而且環境也很友善，但無論哪種情況，大概每過 18.6 年就會重複一次。

想像你的人生道路跟火車軌道一樣，景色有時候優美如畫、晴空萬里，有時候既無趣又下大雨，或者狂風大作。「重複」的日期顯示以今日為基準的前兩次重複週期，當你回顧這段往日時光，應該會與現在有類似的人生境況。別光看確切日期，應該以較大範圍檢視前後幾個月的日子。當時生活過得如何呢？

看看重複週期的中間日期，大約經過 9.3 年的時間，也就是月交點半週期。這一天大概能反映你目前的人生遭遇，你也可以說一切從此刻開始上下顛倒。並不單純是「好」與「壞」的轉變，雖然可能真是如此，但二分法有點太過簡化。你也許會發現，經過這些年的遭遇，當時悲觀的自己，如今已經變得比較樂觀。

在班圖選單中有個像上圖的生命週期計算機，輸入任何日期就能看到重複與反映的對應日期。假設過去曾經發生改變人生的事件，比如你換了新工作或者搬到新的城市，就可以輸入相關日期觀看對應的重複時間。雖然不一定會以相同方式發生，但是會為你帶來相似感受。

最棒的禮物
我們都是機器人！

「反映」是很好的指標，透露**為什麼**一切事物會在你生命中的特定時間發生。舉例來說，今天所發生的事情，很有可能是你在 9.3 年前的交點反映日期做了什麼事而帶來的結果。月交點週期的計算相當複雜，因為月交點具有奇特的移動路線，不過班圖能夠精確計算。因此，你可能注意到交點的移動速度有時極快、有時極慢。檢視「反映」的其中一個方法，就是把它當成播下的種子，通常經過半個月交點週期後，你就會開始看見先前播下的成果。

喬治 · 麥可

(GEORGE MICHAEL)

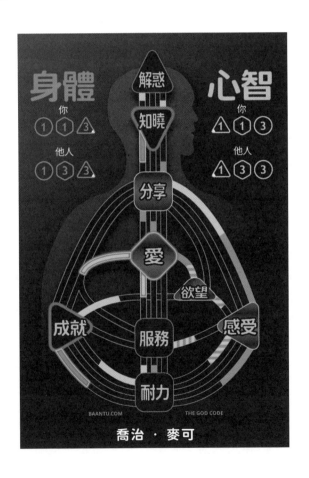

喬治 · 麥可

最棒的禮物
我們都是機器人！

喬治‧麥可是英國歌手，也是作曲家，以雙人合唱團「轟！」（Wham!）成員身分走紅，唱片銷售超過 1 億 1500 萬張，是史上最暢銷歌手之一。

我住在他倫敦的家附近長達十年，在街上看過他幾次，也認識幾位曾與他共事的夥伴，我許多年前還跟他待過同一間唱片公司。

我最近在電視上看到他過世前不久所參與製作的紀錄片《自由》（Freedom），本片是由他的摯友與經紀人完成。你所聽見關於他的人生與性格，證實了許多我們在班圖中所見到的資訊。

當我們看到他的三角形主軸，可以發現有兩件事情能使他感到愉快，也左右了他的心情：成功與感受。更精確而言，他的心智是成功主軸，身體則屬於感受主軸。這代表他會判斷自己的想法與曾說過的話，是否能帶來生命中的成功，這同時也決定他想從別人口中聽到的話。他有勤奮努力的心智，但身體層面卻不是這麼回事，他的「行為」並不那麼勤奮，而比較在乎享受自我。他的情緒決定他的行為與行動程度，更重要的是，決定了他想共事的對象，如果事情很費力或是令人不悅，他就會停手。

心智層面的圓形數字是 3，代表他屬於發起者，這跟我所認識的他不謀而合。他想要完全掌控自己的生涯。有些人稱他是控制狂，他甚至也如此稱呼自己，所以我們知道他的目標遠大，而且想要掌控一切，也想要成功，不會聽從別人的指示。他曾經在受訪時說過，他從 18 歲踏進唱片公司辦公

室的那一刻起，就了解到公司並不知道如何讓他成為流行歌星，自此以後，他就不曾聽過公司的任何指示。

我們再看他的人生閘門，可以看見知曉、成就與愛是他的重要主軸，簡而言之，這是他的人生重點。成就主軸在他的圖裡再度出現。他曾多次表示，他在年輕時就決定要成為名人。愛中心表示他只從事自己喜愛的事物，而且無法與自己不在乎的人共事，這也是他日後與索尼唱片難以合作，因此與公司解約的原因。

啟動的欲望中心代表他很固執，這點在紀錄片中也受到艾爾頓・強（Elton John）所證實，他說：「喬治很頑固，他是我所認識最固執的人。」

你必須明白，他不只具有欲望中心，同時還是個不喜歡聽命於他人指示的發起者。

然而讓他惹上最多麻煩的，卻是他的雙重六角 1，這毀了他的人生。有些人比較幸運地只有一個六角 1，但如果你有兩個六角 1，又有極高的曝光度（例如你是名人），一旦受了創傷，就很難以復元。

六角 1 不只是悲觀主義者，而且很敏感，彈性比較低。這類型的人稱不上堅強，而你必須要堅忍不拔才能成為世界上最大牌的藝人。詹姆士・柯登（James Cordon）在影片中說：「喬治的皮膚少了一層，他很容易受傷瘀青，所以他能寫出這些令人驚豔的歌曲。」

麥可本人說過，當他在 25 歲達到生涯顛峰、成為世界上最優秀獨唱歌手時，也是他最不開心的時刻，他無法應付這

一切，這並不是他想要的，卻已經來不及抽身。

在此之後他開始遠離音樂產業，但當你在世界上最大的唱片公司成為最大牌藝人時，某些掌握大權的人可不允許你這麼做，因為他們都靠你來賺錢。他相當不開心，而且不再想推銷自己的音樂，因此導致與索尼音樂的嚴重衝突。

喬治說：「我想要成功，但並不想要成為別人。」他暗指瑪丹娜與其他大牌歌手，覺得他們為了討好業界而創造出另一種面貌或形象。某些具有三角 2 的人，比較願意提供符合他人期望的形象。三角 2 主軸的人只有在其他人感到愉快時，自己才會愉快，他們是十足的演員。但喬治並沒有三角 2。

他也說：「吸引太多注意力讓我很困擾，宣傳活動感覺像在賣身。」

縱使他的心智與言談受到成功主軸所驅使，但在身體層面的三角 3（感受），控制了他根本性的一切行為。他的身體不願意出賣自己或過著謊言般的生活。在此重提，三角 3 無法理解為什麼要改變自我或是撒謊。他們只想獲得良好感受，所以當事情變得棘手而且無法帶來樂趣時，他們就想打退堂鼓。

只要問問任何曾進行巡迴演唱或得到世界各地宣傳唱片的藝人，你很快就會發現這種生活是多麼辛苦、嚴苛，一點都不迷人也不好玩，三角 3 主軸的人最終必定無法接受這一切。

像喬治一樣有雙重六角 1 的人，會因為太受矚目而感到困擾。有些人擅長面對這番處境，也能夠控制風險，但喬治

沒辦法，他甚至不曾嘗試，結果傷得愈來愈重。

他身為同志又無法出櫃的事實讓情況更加惡化。你確實能夠發現，他那具有三角形成功主軸的心智並不想拿生涯來冒險，但同時又對於戴上面具的現實生活徹底感到不自在，他欠佳的彈性讓一切變得更糟。一方面，他害怕摧毀自己的事業，但另一方面，又因為事業而強烈地感到不愉快。他被困住了，無法解套。

當你觀察身體這一側，可以看見有兩個數字 1。他是個具有不安全感（六角 1）的反應者（圓形 1）。他並不會追趕或催促其他人，他其實既害羞又喜好隱蔽。儘管他的心智是個發起者，但他卻等待著其他人與事物上門，發起者的性格僅僅讓他直言不諱，所以他會暢所欲言。

雖然他在身體與心智層面都有六角 1，但在「他人」欄位具有六角 3，所以他的人生目標是變得勇敢，並且克服與生俱來的內向與悲觀。

他從未談過戀愛或擁有伴侶，直到 1991 年在里約搖滾音樂節遇見了安索墨（Anselmo），安索墨只是在人群中望著他的「平凡」男性。我跟你說過，反應者不會好高騖遠或者在人生中規劃期望的藍圖，他們會等待事物上門，就如同他遇見安索墨的情境。他說過，自己一輩子都**等著**被人所愛，反應者會等待事物找上自己。身體層面能透露某人如何與他人相識。

自此，喬治的人生邁入幸福時光，但這卻在幾個月後發現安索墨患有愛滋病時轉瞬即逝，這是他的另一次打擊，他花了許多年才得以重新振作，偏偏母親又在稍後過世，使他再度落入下一場危機之中。

對他唯一重要的事，就是享受自我並且獲得成功，但他卻感到痛苦，而且職業生涯也在與索尼的官司落敗後一敗塗地，他希望能夠解除被他稱為「奴役」的合約。

他說：「自從我發現安索墨的事開始，一直到我走出母親的悲劇那天為止，我都持續活在恐懼之中。在母親過世後，我的精神幾近崩潰，而且覺得眾神都在找我麻煩。我一直恐懼著死亡的到來，也害怕再次經歷喪親之痛。」

還記得我說過六角 1 受到恐懼所驅使嗎？他具有雙重六角 1，這類型的人在生命中經歷創傷事件時會感到極度困頓，而且嚴重到幾乎無法徹底走出傷痛。這可能讓他們變得神經質，但我們不能將其視為普遍性的問題。有些人注定要經歷創傷來改變生命，並從此過著不同的生活，他們的環境不應該逼迫他們回到從前的人生，否則情況會變得更糟。

紀錄片中的每個人都說他注重隱私，這也是來自六角 1 主軸，這類型的人喜好隱蔽。他也在身體層面具有圓形 1，所以不只讓其他人難以接近，也不愛追逐別人的腳步。喬治很內向，在人群互動方面總是等待著生命將對象送上門。他的心智就不一樣，期望能具有掌控權、很固執，又沒有安全感。

他大量使用毒品的行為也很有名，少數友人因此一直替他擔心，這是他面對世俗的手段。大多時候他都坐在家中吃著冰淇淋或者看電視，也會一邊抽大麻菸一邊玩遊戲。具有

雙重六角 1 的人很重視隱私，而且不愛交際，他們喜歡待在家裡，討厭人群。

在他的「他人」欄位特質中可以發現，他喜歡懷抱遠大夢想以及極度自信的人，也就是在心智與身體層面都有六角 3 的人，這些人不會惹惱他。會激怒他的人應該是現實主義者，也就是不斷告誡他負面與悲觀想法會造成什麼問題，同時又無法以美好觀點來看待世界的人。他不希望別人逼他面對冷酷的現實。他不喜歡「愛算計」的人，他喜歡大膽的夢想家，如果無法如願，就找個像自己一樣內向、低調的悲觀主義者。

他本身對於自信的缺憾以及曾經受過的創傷，都表現在他過世前留在影片裡的遺言中：「我想要因為正直的個性與我的歌曲而受人懷念，但卻非我所願，我認為這些時間都浪費了，努力也白費了……」

最棒的禮物
我們都是機器人！

瑪丹娜
(MADONNA)

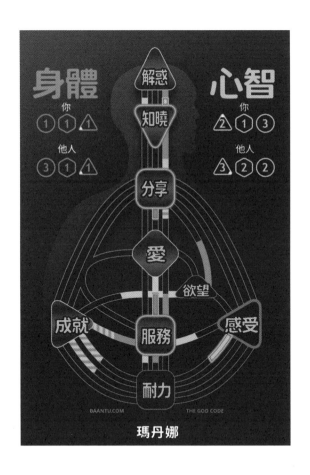

瑪丹娜是另一位音樂界中的偉大傳奇，我選擇她的圖，是想說明什麼樣的人會在有雙重六角 1 主軸下，同時還能面對身為公眾人物所帶來的挑戰。

　　當然，我們很難真正了解瑪丹娜的心理世界，但我們知道她的控制慾接近神經質的程度。她並不像泰勒絲一樣會讓粉絲接近，瑪丹娜將所有人保持在一定距離之外，當她接受訪問時，所有人的提問都必須事先確認。她並不是交際花，會隨時都跟其他人混在一起，事實上，她喜歡獨處，周圍或許也都是唯命是從的人。

　　雖然與喬治 ‧ 麥可有些相似之處，但也存在大相逕庭的差異。兩人的共同點是具有追求成功的動力，而且也需要透過成功獲取快樂，而不同點在於，這些主軸出現在喬治的心智層面，對瑪丹娜則在於身體層面。喬治想要利用心智行為獲得成功，但瑪丹娜的成功著重於身體行為。她有能力以喬治辦不到的方式身體力行辛勤努力，這點顯然呈現在兩人的體態上，喬治時常體重過重，對於維持體重感到苦惱，瑪丹娜則永遠保持穠纖合度的良好身形。外界時常目睹她在慢跑或進行高強度的運動，這對身體層面具有三角形感受主軸的人而言相當困難。

　　但我想最大的差異在於瑪丹娜心智層面的三角 2 主軸（尊敬）。她想要讓所有人印象深刻，希望透過心智獲取他人的讚賞，某些具有這項主軸的人，行事風格可能隨著年紀增長變得特立獨行。對他們而言，在賺夠錢之後優雅地告別舞台還不夠，他們需要持續獲得掌聲與關注。你可以看見瑪丹娜

最棒的禮物
我們都是機器人！

如何努力地維持一切活動。假如評論或眾人對她厲聲批評，她會感到沮喪失意。她的彈性比較低，你看得出來這點如何在生涯中對她造成困擾。

她與喬治的共通點在於心智層面屬於發起者，身體層面則屬於反應者。她知道自己的期望，並且透過心智追尋目標。她在心智行為方面不喜歡聽從他人的指示，這點在她的想法、言論與說出口的話語都看得出來。

但說到結識人群，她就比較內向，而且不愛緊逼他人。通常是讓別人來接近她，而名聲在這方面幫了不小的忙。同時，六角 1 主軸讓她無法一次面對太多人。

與喬治相比，她有一個人生閘門在服務中心，而且處於恆久啟動狀態。這表示她適合從事商業活動，她會注意其他人的期望。她的愛與服務中心相連，而服務又與成就中心相連。

瑪丹娜在身體層面偏愛「充滿幹勁」的人（發起者），她喜歡被征服，但喬治覺得這種人很煩。喬治在身體這側的「他人」欄位具有圓形 1，偏好像自己一樣的人，不會追逐他人的腳步，而且隨時處於忙碌之中。而儘管瑪丹娜喜歡在肢體上的主動發起者，但旁人還是必須搞清楚該如何發起行動。「他人」欄位的六角 1 與她自己在身體層面的六角形主軸相同，代表這方面不是大好就是大壞。如果別人不具有出現在「他人」以及「你」（她自己）欄位的主軸，就會惹怒她，中間沒有灰色地帶。他們要不是適合共處**而且**有吸引力的對象，就是討厭的傢伙。她無法忍受兩種人：過度自信的人跟現實主義者。沒錯，她喜歡別人採取主動，但他們也必須收

敬一點，稍微有自信，而且要敏銳行事，不然她很快就會覺得不自在。在心智層面，她偏好實際的思想家與發言者。雖然她富有同理心，而且能了解悲觀主義者（她自己就是）與內向的發言者，她還是比較喜歡稍微有自信點的發言者。但她真正無法忍受，而且可能傷她最深、讓她覺得最粗枝大葉的，是六角 3 主軸的人。她不喜歡過度樂觀或過度自信的思想家或發言者。她不喜歡無法察覺出錯風險，又認為不需要未雨綢繆的人。

看看她的目標（「他人」欄位），她想要克服身體層面的圓形 1，成為更有推動力與掌控能力（圓形 3）的人，同時更加強成功主軸（三角 1）。在心智層面，她想要變得更有趣、更直言不諱，但也想降低控制慾。

最棒的禮物
我們都是機器人！

西爾維奧·貝魯斯柯尼

(SILVIO BERLUSCONI)

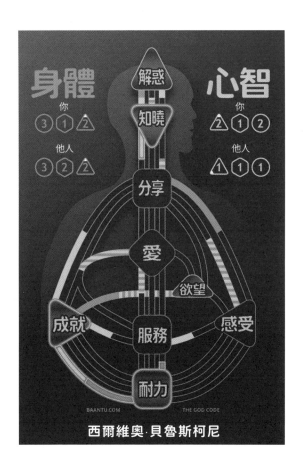

我看過《我的路：西爾維奧貝魯斯柯尼的崛起與沉寂》（My Way: The Rise and Fall of Silvio Berlusconi）這部紀錄片，而且知道他的出生時間，可說是解析班圖資料的又一次絕佳機會。

首先，我們看到圓形 2 ／ 3（心智／身體）的組合。我曾提過這類型的人在人生中可能有許多緋聞，但真正的意義在於，他們會利用身體來得到想要的。貝魯斯柯尼不只會追求生命中所有喜歡的對象，還會利用他機會主義者的心智來說服對方。

他原本從事房地產銷售工作，在擁有第一家公司時曾經說過自己相當擅長推銷公寓。為了明白驅使貝魯斯柯尼的動力以及他的一切事蹟，也為了一窺左右他心情愉快與悲傷的因素，你必須分析他的三角形主軸。我們看見雙重三角 2，一切都是關乎尊敬。他想要受人崇拜、想要獲得尊敬，而且相當在乎別人對他的看法。

當我觀看影片時，我的第一個想法是：「這輩子從沒看過這麼愛現的人！」

他的所有行為只有一個目的：他想使別人印象深刻。金錢對他而言只是讓人敬佩的手段。他擁有超過 70 個房間的豪華別墅，而且許多房間內堆滿了禮物、畫作，以及其他熟識名人所贈送的紀念品。他很喜歡收集與陳列眾人送給他的禮物、個人信件以及謝禮，藉此向大家展現自己的重要性，以及其他名流對他有多麼愛戴，他的人生就像是戰利品收藏大展（包括妻子在內）。

但你看見他有雙重六角 1，而且對於讓人敬佩的渴望已經

最棒的禮物
我們都是機器人！

突破天際，你可以發現他極度缺乏安全感。這位男性希望追求其他人的目光，但卻內向又缺少安全感。當然，金錢、名聲，以及他用來使人眼前一亮的收藏，有助於幫忙應付他的不安全感。

他人生中的一切都建立在謊言之上，就連頭髮都是假的，具有三角 2 主軸的人是最佳演員。但他並不笨，曾經就讀大學的法律系，這完全符合他位於知曉中心的人生閘門，他必須知曉事物，而他也會花大把時間來「解決」問題，因為他的解惑中心有定義。你可能認為他為黑幫「解決」了諸多問題這件事值得爭議，但這為他帶來了個人的好處，使他擁有能開創不動產事業的資源。

接著我們看到啟動的欲望中心，因此他很固執，而且還有人生閘門位於成就與耐力中心，應該不需要再解釋這位男性的人生是什麼模樣了。

一開始讓我感到困惑的，是在貪汙以及在豪宅內與未成年女性傳出性醜聞而使名聲一敗塗地之後，他為什麼還接受影片製作人的訪問，並允許他們拍攝自己的影片。法院判他有罪，這部影片只會讓自己更難堪而已。

如果任何人擁有這種規模的財富，或許只會從大眾眼皮底下消失並且享受人生，但他想要訴說自己的故事，事後看來這讓情況變得更糟。因為他的名聲已經毀了，他的情緒不佳，就算擁有財富也幫不上忙。假如他的三角主軸是 1 而不是 2，或許還沒問題，但由於他擁有雙重尊敬主軸，孤注一擲地試圖透過影片製作人的邀約來挽救名聲，然而卻雪上加霜，

因為這讓所有人明白了他真正的性格。當他看見影片成品時氣瘋了，因為他以為影片製作人會對他歌功頌德，但事與願違。

你也能看見影片背景中不斷徘徊的人們，都在確保沒有任何狀況會毀了他的形象。他太過神經質，以致於雇用一大堆人來替他看前看後或者保護他。

縱使他在眾人與女孩之間來來去去，但他還是注重隱私。具有雙重六角 1 的他，完全掌控了要讓哪些人接近自己，即使你想要靠近他也沒辦法。但你也不能批評他或提出未經許可的問題。每個人都必須遵照他的「腳本」，你可以看到他周圍都是些唯唯諾諾的人。

他在本命圖中未啟動的能量中心，透露出他不在意哪些事物。分享、愛、服務與感受中心都不存在，他不在乎別人想要什麼，為其他人帶來良好感受什麼的，根本不關他的事，而且他也吝於分享。

從貝魯斯柯尼「他人」欄位的六角形主軸中，你可以立刻發現一件事。他不喜歡過度自信的人或者夢想家。他討厭沒有準備而且看不見危險的人。他本身沒有六角 3，也不覺得這樣的人有吸引力。他的性格中完全沒有六角 3，所以這也是最容易激怒他的類型，他或許會稱這種人感覺遲鈍。

再看看他的目標與抱負（「他人」欄位），他對自己的行為不感到後悔，也不打算減緩他在身體層面的一意孤行。

他具有受到強化的尊敬主軸，不過在心智層面，他則會努力
尋求成功，並且傾向稍微消極一點。

唐納 · 川普

（DONALD TRUMP）

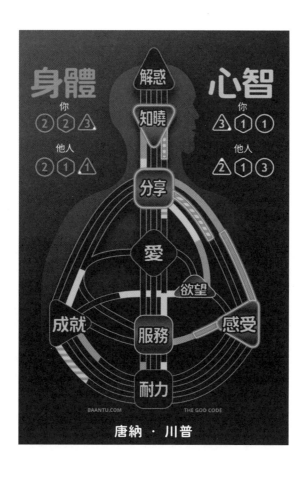

最棒的禮物
我們都是機器人！

唐納‧川普是相當特殊的總統，因為他並不是職業政客。在班圖中，身為非典型政客的性格表現在他的雙重三角3樂趣主軸。就大多數政客而言，三角形主軸可能會是成功或尊敬的搭配。川普具有許多條通道（不需要其他人來推動自己），再加上啟動的欲望中心，使他不喜歡參與大型團隊，同時還很頑固。在需要仰賴他人支持與團隊合作的政治生涯中，這些特性幫不上忙。

　　但川普不一樣，因為他不需要財政後盾或是黨派支援來參與競選，他有自己的財富，這使像他這番性格的人也能有機會參政。

　　由於他具有許多感受性格，不只是三角形主軸，就連人生閘門也位於感受能量中心，所以他會把情緒掛在臉上。他深深受到自己的感受所驅使，他的所有反應都是以情緒為基礎，他會做出任何帶來良好感受的事。他的主要動力並不是追求成功或是他人對自己的想法，他想要享受自我，就這樣而已。缺少三角2（尊敬）主軸就是證明，他完全不在乎別人的看法。對於白宮辦公室或是代表總統的「行為」方面，他並不想維持什麼形象。如果能讓他感覺良好，他就會把想法說出來，在推特上也暢所欲言。

　　看看他的圓形主軸1／2組合（心智／身體），他不愛咄咄逼人。他的心智會等待受到邀請，只有在真正的機會上門時，才會用身體實際行動。他並不是受願景所驅使的男人，他也不是有自信的發言者（六角1）。當你分析他的政策時，大部分都是情緒化的反應，重點不是北韓、ISIS組織，或者中國搶走美國的工作機會。他會對造成不良感受的人事物做

出反應。他想在墨西哥邊界建立城牆，因為他對於美國人受非法移民所苦感到很不爽。

在心智這一側的六角 1 顯示他很敏感又容易受傷。當你分析他偏好哪種類型的人，你會發現他也喜歡具有六角 1 主軸的人，這類型的人在言談時會展現出高度的靈敏性。他無法忍受粗俗之人。

他的人生閘門連接到分享、知曉與感受中心，這些是他的人生重點。他想要與大眾分享，讓大家與自己獲得良好感受。同時他也喜歡把事情搞懂以及獲取新知。

在掌控他的行為以及決定他想認識對象的身體層面，我們看見了機會主義者（圓形 2）與現實主義者（六角 2）主軸。當他決定要行動時，會相當實際地評估風險產生的可能性，而只有在看見機會上門了，他才會行動。他不會持續採取攻勢，也不會枯等事情送到眼前，而是等待適當的時機與對象，在他們採取行動之前出現。他在身體方面的自信適中，不會過高或過低。他喜歡在心智層面屬於發起者的人，他們會懷抱願景並努力追尋，不過在言談方面，他則會等待收到請求才開口，不會直言不諱。

就身體層面而言，他喜歡像自己的人。他喜歡機會主義者，但與自己相比，他偏好更內向、自信程度也較低的人。他欣賞對於每一件可能發生錯誤的事物有高度判斷力的悲觀主義者，同時也喜歡那些勤奮工作，並且在面對困難不輕言妥協的人。

他無法忍受在身體上過度自信，而且透過身體強迫他人的人（圓形 3）；或是另一種極端，總是等待生命前來敲門，

太過被動的人（圓形 1）。他不喜歡單純只為了成功而用盡心思（三角 1）的人，他的三角形主軸中找不到三角 1，無論在「你」或是「他人」中都沒有。由於他在生命角色中具有分享與感受主軸，你可以瞭解他為什麼這麼愛推特。他不斷與其他人分享他的感受，但也同時希望能讓美國人獲得良好感受。

他本身追求的目標（「他人」欄位）是想更受人尊敬與成功（三角 1 與三角 2），而不僅僅是追求樂趣，他也喜歡順從自己的意願開口，而並非只等著別人來問他，簡而言之，他對自己的心智層面更具掌控力（圓形 3）。

弗拉基米爾 · 普丁
(VLADIMIR PUTIN)

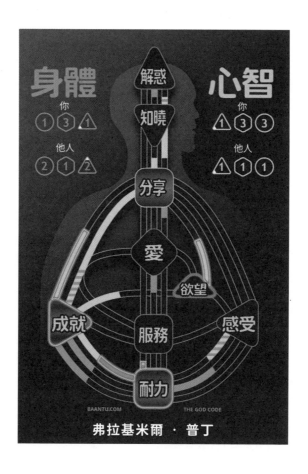

弗拉基米爾 · 普丁

最棒的禮物
我們都是機器人！

與川普相比，此人比較有遠見，他知道自己的期望，並且會努力追求（圓形 3）。然而最大的差異在於，普丁是「典型」的政治家，他的成就主軸相當強烈，他有兩個三角形是成功主軸，成就能量中心是啟動的，而且他的其中一個人生閘門也在成就中心。他還有另一個人生閘門位於永久定義的耐力中心，加上他的臉皮很厚，在心智與身體層面也都極具自信心。你無法用任何手段威嚇這種人，他什麼都不怕。他不僅不會逃離實質上的威脅，也不會迴避言語上的爭辯。同時，他在「他人」欄位具有兩個六角 1，所以他隨時隨地都保持謹慎，並且避免魯莽行事。他也會努力壓抑自己咄咄逼人的心思，卻還是會保持身體上較高的主動性。

　　當你在 baantu.com 網站瀏覽他的資料時，也會發現他是團隊合作型的人，這對於政治領域而言也相當重要。他不像川普一樣頑固，因為他的欲望中心並未啟動。儘管他會利用自己的才智去獲得他想要的，但他並不會以實質行動去追逐人們，造成他們的困擾（身體層面屬於圓形 1 主軸），而是讓對方找上門來。他在身體行為方面扮演反應者的角色，讓自己充分準備。但是談到關於想法、言語以及心智行為方面，他倒是不請自來。他有張暢所欲言的大嘴巴，言談可能粗俗無禮，也會插嘴。我也認為你不太容易找到比普丁更好勝的人，他就是想贏。

　　我們從他的資料可以發現，他不喜歡現實主義者。他本身在心智與身體層面都是樂觀主義者，而對其他人他則比較偏好內向的悲觀主義者。也可以說，他喜歡敏銳又能掌握所有可能風險的人。他認為現實主義者很無趣。普丁是夢想家，

他的理想遠大，而且無所畏懼，你也可以說他的行為有點粗線條。

在西爾維奧·貝魯斯柯尼的影片中，可以看到普丁對他有好感，而且時常表示支持。當然，貝魯斯柯尼擁有普丁在其他人身上所尋找的特質，他在身體層面具有六角 1 與三角 2，普丁喜歡那些為了使自己受人尊敬而有所行動的人。

可是你在 baantu.com 網站上分析普丁與貝魯斯柯尼的人際關係資料時，會發現貝魯斯柯尼不喜歡普丁擁有的全部特質，但由於普丁身為俄羅斯總統，而且確實對貝魯斯柯尼有好感，所以貝魯斯柯尼並不會表現或透露自己的反感，他只是以此自吹自擂。別忘了，貝魯斯柯尼跟所有三角 2 主軸的人一樣，是優秀的演員。他利用普丁向全世界展現兩人的絕佳友誼，對具有雙重三角 2（尊敬）的貝魯斯柯尼而言，普丁也成為他的其中一尊「戰利品」。

普丁其中一個人生閘門位於未啟動的欲望中心，雖然他不會一直都很固執，但還是偶有一二，取決於當時的處境。不過你也能以這點將他視為有原則的男人，知道何時該說「不」。要讓他表現出這種性格，就需要適當的夥伴或者星宿移訪。他的人生角色定義在於成就、耐力與欲望，單憑這點，你大概就能了解他是如何爬到今天的地位。他的心智能量中心開放，裡頭也沒有人生閘門，這也能讓你明白他並不是高知識份子，對於研究解決手段也沒太大興趣。他比較像是「行動者」，而不是「思考者」。

最棒的禮物
我們都是機器人！

卡萊 · 葛倫

（CARY GRANT）

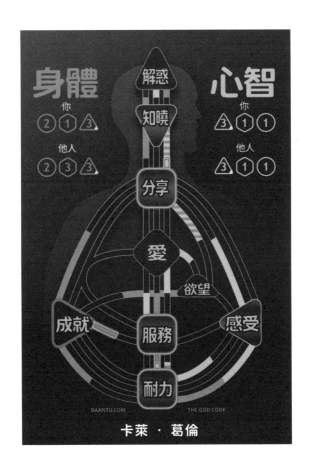

這位同樣也具有雙重六角 1 主軸，由此證明，即使沒有安全感又內向的人，也可能非常成功。我曾經說過，認為只有過度自信的人能獲得成就，是謬論性的假設。我甚至可以說，缺乏安全感的人正因為沒有安全感，所以更有追求成功的動力。

我選擇他的原因，同樣是因為有部描述他生平的電影《成為卡萊 · 葛倫》（Becoming Cary Grant）問世。透過他在 baantu.com 資料庫中的資料，我很好奇他的人生是不是與我們所看到的資料相呼應。我們通常很難透過演員扮演的角色與演出的電影來評斷這個人，這些無法讓你真正認識他們。事實上，他們的角色可能有所誤導，並且掩蓋他們真正的性格。有時在演員過世後，你才能聽見他們的許多故事。

卡萊 · 葛倫這位電影明星的形象，出自於導演霍華 · 霍克斯（Howard Hawks）之手。他發現葛倫相當缺乏安全感，同時也具有幽默感。在此之前，葛倫只扮演綠葉的角色，需要開口的台詞很少，而且個性也不鮮明。

他來自英國的布里斯托，在被學校開除（他具有兩個三角形樂趣主軸，這點我不意外）之後，加入潘德巡迴劇團（Pender Troupe）鍛鍊演技。學校顯然無法為他帶來樂趣。潘德巡迴劇團之後前往美國，到紐約的嘻伯朵姆（Hippodrome）劇場演出，這也是當時全世界最大的劇場。他當下決定留在美國，接下來的故事就如大家所知。他在身體層面的圓形 2 主軸發現了機會。葛倫並不屬於發起者，但當機會上門時，他就會採取行動。具有 2 ／ 1 圓形主軸組合的他不會主動進逼，是個有耐心又行為端正的人。

最棒的禮物
我們都是機器人！

他具有雙重六角 1，所以既內向又敏感。他曾因為孩提時代的事件受到創傷（容易發生於六角 1 主軸的人），並且長時間接受精神科的迷幻劑（LSD）治療。你可以發現，幼年時期的部分經歷在他身上留下無法遺忘的深刻傷疤，對於六角 1 主軸的人，過去的事物可能會成為延續到未來的漫長陰影，會塑造他們的人格，帶來巨大的影響。

電影中說到，他的身型修長，注重隱私。他不喜歡人群，也不是派對玩咖。他的女兒說，別人可能以為他們時常參加派對或者首映會，但其實他們整天待在家裡看電視、打牌或者下西洋雙陸棋。

他的前任妻子芭芭拉 · 珍妮（Barbara Jaynes）說，兩人剛認識時他很內向，而且焦急地想知道她是不是他的真命天女。具有六角 1 主軸的人不容易建立信任。她也表示，葛倫不喜歡出席公開場合，也很討厭必須公開發言的場合，在逼不得已時，他在活動前可能會無法進食，而且緊張得要命。

在年紀稍長後，他主持了名為《與卡萊 · 葛倫聊聊》（Conversations with Cary Grant）的電視節目，而他樂在其中，因為別人可以向他提問，接著他會先觀賞以前的電影片段，再說個笑話來回應。

身為心智層面的反應者，他喜歡接受別人提問，這正是反應者擅長的模式。他們就像供人飲用的水井，會讓自己做好應對準備。三角 3 主軸的心智通常很有趣，就他的例子而言，他是雙重樂趣主軸的人，極度敏感，但同時內向又注重隱私。

當你分析他的人生閘門時，可以看見分享、成就、耐力

與服務中心被特別標示出來，他的耐力與服務中心被接通，所以他能符合眾人的期望，即便失敗了，也不會輕言放棄努力。當然，分享與成就中心不用再多做解釋，畢竟他將作品與全世界分享，也是世界上最成功的演員之一。

在他的資料中，有趣的是「你」與「他人」欄位之間的相似度，除了身體層面的六角形數字之外，每項主軸都相同。我們知道他喜歡比自己更勇敢無懼的人，但他也付出極大的努力讓自己能變得勇敢——相信自己的身體能力且改掉內向性格。

看看在心智層面的兩個六角 1（「你」與「他人」），顯然他不喜歡魯莽無禮或是會打擾別人的傢伙，他偏好有耐心、會等待邀請的圓形 1 主軸。

像他這樣具有雙重三角 3 的人，當念書沒有樂趣時，總是會有輟學的風險（他確實輟學了）。事實上，如果他不從事帶來樂趣或良好感受的事物，心情就會不好，再多的金錢或特權都無法彌補這一點，這些不是首要條件。而且他也不想花時間與自負（三角 2）或是會為了成功而出賣家人（三角 1）的人相處。

貝克漢夫妻

（THE BECKHAMS）

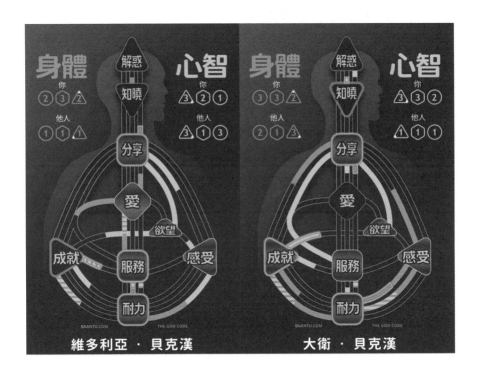

接著我們來聊聊這對舉世聞名的明星夫妻，他們的婚姻歷經了重重考驗，所以就算你在下方圖表看見兩人的關係評價高達五星，也沒什麼好意外的。

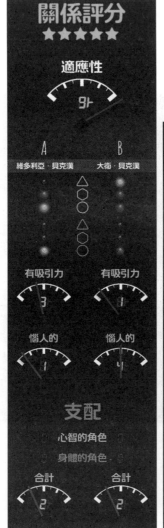

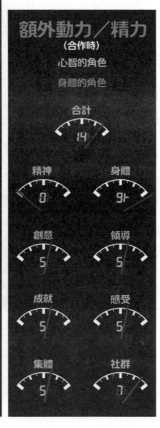

  最棒的禮物
我們都是機器人！

雖然星等評價高分並不保證關係能長久，但機會確實高得多。我還記得剛開始在 baantu.com 網站人際關係頁面加入星等評價的狀況時，布萊德‧彼特（Brad Pitt）與安潔莉娜‧裘莉（Angelina Jolie）還在一起，而且人氣遠勝貝克漢夫婦，是最受矚目的夫妻，他們當時堪稱模範夫妻，但班圖給他們的星等評價卻是零分。很多人跟我說，我的計算程式一定有問題，但當他們宣布已經分開長達一年，周圍的人也為之震驚時，我卻是掛著一抹微笑地說：「我就說吧！」

　　貝克漢夫婦特別的地方在於，彼此的適應程度極高，但相互吸引力並不特別高，這可能讓感情有點無趣，不過卻可以良好運作。

　　在兩人的婚姻初期，街頭小報曾經爆出幾篇大衛的緋聞。我們從大衛的資料上可以看見熟悉的 2／3（心智／身體）圓形主軸組合，也就是情場浪子的性格。不只如此，他還有雙重六角 3，這使他成為世界上最有自信的人。他對於自己的身體並不內向，也不會羞於發言。再看看維多利亞在「他人」欄位的資料，可以發現大衛的自信與追求目標的方式會令她不悅，這也對應大衛這一側的所有紅燈。

　　那他們為什麼選擇彼此？當大衛認識維多利亞時，她正處於辣妹合唱團（Spicy Girls）的事業巔峰，也就是當時世界上最著名的流行樂團。大衛只在足球圈具有名氣，而她的名聲也僅限於辣妹合唱團成員。兩人都具有三角 2 主軸，想要變得出名又受人尊敬。當兩人開始約會後，就從原本的小有名氣躍升成為超級明星，這點使兩人因此感到愉快。

　　兩人感情另一個顯著特點在於「額外動力」，彼此共處

時可以完成更多人生目標。但你也能發現兩人都不是「思想者」，他們「說」的不多，「做」的比較多。兩人具有高度的社群動力，其中當然包括家庭在內，所以他們想要有很多小孩，兩人都樂於花大把時間投入家庭。大衛本身的資料已經具有許多「社群」主軸，跟維多利亞結合更是錦上添花。足球俱樂部當然也是另一種型態的社群。大衛每天都離不開社群活動，如果把他丟在荒島上可能會活不下去。

兩人的支配程度較低。我都把支配稱為關係殺手，但 2 分的程度不是大問題，最重要的是，我們可以看到並沒有誰的支配程度凌駕另一方。

維多利亞啟動大衛的兩個人生閘門，大幅促進了他的人生角色。兩人在一起時具有兩條「領導」通道，使他們更受歡迎，也因此受到眾人所追隨。

最棒的禮物
我們都是機器人！

哈利王子與公爵夫人梅根

（PRINCE HARRY & MEGHAN）

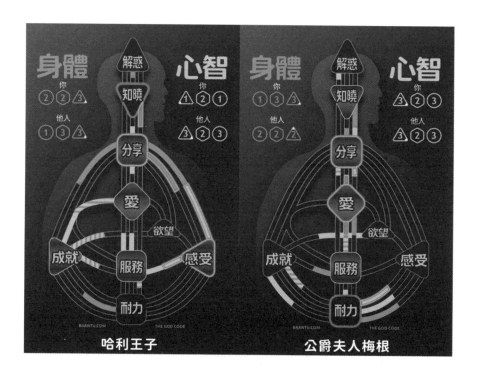

在我即將完成本書時，兩人透過英國廣播公司宣布訂婚喜訊，同時接受英國廣播主持人的長篇專訪。我當然很好奇地想在班圖上查看他們的資料。其實梅根是美國人，具有單純背景與混合血統的她，對英國皇室而言是格外特別的選擇。

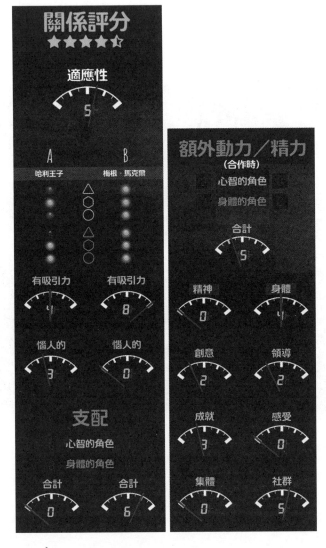

最棒的禮物
我們都是機器人！

觀察他們的關係資料，可以發現顯然哈利王子確實「萬中選一」。我從沒看過有誰像梅根對哈利的互動，六顆綠色燈泡全都點亮，她符合哈利的所有條件。哈利說過，他在第一時間就知道梅根是「真命天女」。

　　兩人的星等評價高達四顆半，但透過「惱人的」刻度表看來，哈利有時候會惹惱梅根，還有個更糟的問題，那就是梅根支配著哈利。不只如此，梅根支配了他其中一個人生閘門。在一段感情的初期，可能會忽略支配關係，但經過一段時間，受支配者就會開始感到困擾。支配關係可能經過較長時間的發酵，而或許在未來許多年後，當哈利某天突然「翻臉」時，梅根可能對突如其來的爆發完全摸不著頭緒。這就是支配的運作方式，尤其像這種單方面的支配更是如此。

　　但總體來說，這是一段極為融洽的感情關係，彼此的適應性跟各方面都相當穩固。他們能夠一起度過許多時光，這段感情也可以長時間維持。

威廉王子與公爵夫人凱特

(PRINCE WILLIAM & KATE)

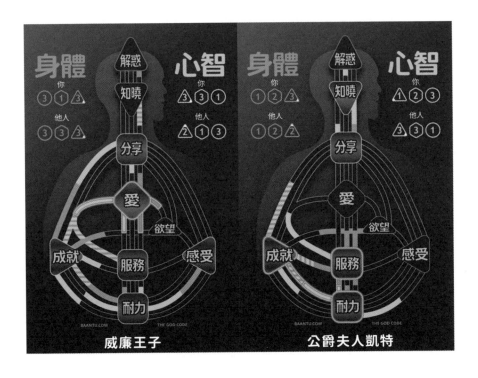

最棒的禮物
我們都是機器人！

這對夫妻很有意思，讓我想起查爾斯王子與黛安娜王妃（稍後再聊），不過沒那麼糟。

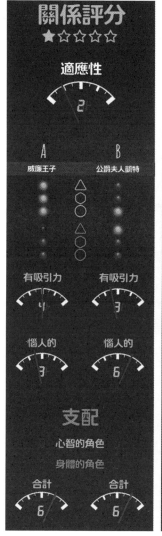

從凱特的資料看起，可以發現家庭對她非常重要，有兩條通道從共有迴路向外連接，所以他們生了好幾個小孩。這點在初期有助於掩蓋感情中的問題。

　　只有在雙方給彼此較大的空間的前提下，才可能維持這段感情。但當你是皇室成員時，就成了問題所在，因為你們大部分的時間都黏在一起。

　　這段感情最大的難題在於缺乏適應性，雙方並未真正了解彼此。當兩人之間只有少許的吸引力（通常發生於迅速開始的感情），過了蜜月期並且把小孩養大後，兩人之間會留下令人不快的疙瘩。

　　首先，我們可以看到兩人對彼此的支配程度很高。如果你認為雙方對彼此的支配程度相仿就可以消弭芥蒂，那可大錯特錯，問題並不會消失，反而對雙方都有害。

　　凱特也比較容易激怒威廉或者對他失去吸引力（就性格而言，而非外表）。男方對於感情中這種負擔的感受比較強烈，尤其威廉又具有雙重三角形感受主軸，沒什麼比享受自我更重要。他並不想為了觀眾而演戲，或許還覺得包圍在他這官方角色身邊的華貴處境令自己罹患幽閉恐懼症。他也因此曾經拋下皇室的官方職責，跑到瑞士參加友人的滑雪後社交派對。他在心智層面具有六角3主軸，他的直言與衝勁程度或許超乎大眾所認知。凱特在感情中的言語行為屬於發起者，若換做身體行為（身體層面的圓形主軸）方面，則是由威廉主掌大局。

　　這段感情中的正向層面，在於兩人共處時的動力會有所提升，但在適應性如此低落的前提下，這點幾乎沒什麼幫助。

你們剛開始相當樂於共同進行某件事，但每當其中一人說東，另一人就說西；或者其中一人提出建議，另一人心裡就想：「明明有這麼多選擇，你到底為什麼要這麼做？」

歡迎來到感情世界，如果想要尋求慰藉，請再次翻閱本書開頭的引言。

查爾斯王子與黛安娜王妃

（PRINCE CHARLES & DIANA）

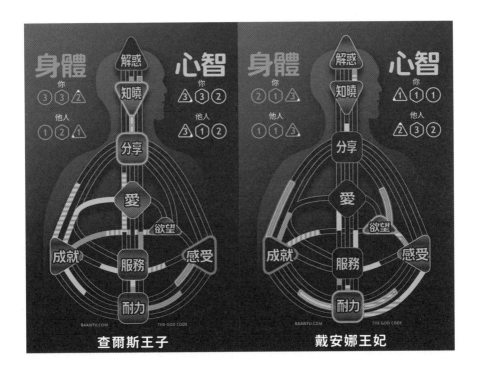

查爾斯王子　　　　　　　　　戴安娜王妃

最棒的禮物
我們都是機器人！

這就是那種你在報紙上讀到相關新聞時，會思索：「這兩人交往時到底是看見對方哪個優點？」的典型感情關係。

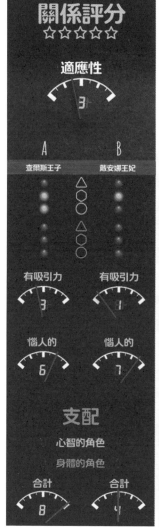

但我們現在知道他們比較像是相親結合，星等評價零顆星也反映出這段皇室戀情為什麼在大眾眼皮底下會如此悲慘，最糟糕也不過如此。要他們在相處時沒有任何不自在或避免發生爭端，幾乎是不可能的事。這兩人對彼此的適應程度不佳，也表示他們並不了解彼此。

兩人感情中的特殊點在於，黛安娜對查爾斯而言幾乎完全缺乏吸引力，更糟的是，她很容易惹惱查爾斯。查爾斯比較吸引黛安娜，而且也比較不會惹惱她，但就各方面來說，仍然不利感情。

來自查爾斯的支配程度極高，就我所知，沒有太多情感關係能承受這一點。而且雖然黛安娜的支配性比較低，但卻不幸地支配了他其中一個人生閘門，這會使他非常不悅。儘管兩人還是有共同進行少數行為的動力（雖然很稀少），但在彼此不適應、支配關係以及惱怒互動的影響下，仍然派不上用場。

查爾斯的圓形主軸數字較大，在感情關係中的推動性比較高，而且在身體與心智層面也極度有自信，但是黛安娜有兩個六角 1 主軸，這代表她極度敏感，所以很容易被他傷害。我認為很可能是公眾身分使她受到創傷，跟喬治・麥可的情況很像，他也無法應付自己的雙重六角 1 主軸以及受到高度矚目的身分。黛安娜甚至幾度在遇到困難時與喬治・麥可通電話，我想他們兩人或許合得來。

查爾斯與黛安娜都具有三角 2 主軸，代表他們可能都戴著面具太久了。也許當這段從未和鳴的感情關係畫上句點，對彼此都會比較好。

最棒的禮物
我們都是機器人！

查爾斯王子與公爵夫人卡蜜拉
（PRINCE CHARLES & CAMILLA）

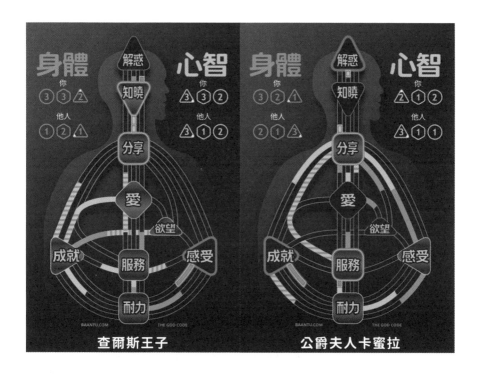

查爾斯與黛安娜的關係，跟查爾斯和卡蜜拉這段感情之間的差異大得令人咋舌，關係評價從零顆星直接躍升為五顆星滿分。

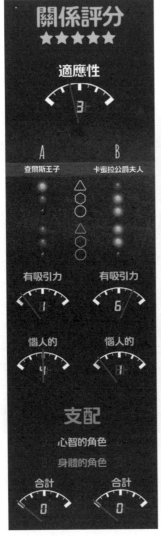

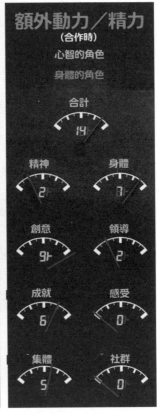

雖然對查爾斯而言，感覺或許就像白天與黑夜的差別，但你必須了解，沒有任何感情關係是完美無缺的。他們兩人或許獲得五顆星評價，但你還是能發現這段感情中的脆弱之處。

　　兩人的適應性相對較低，而且你能看到，卡蜜拉比較不受查爾斯的性格特質所吸引，有時候還會徹底被他惹惱。

　　但這段感情很棒的是，不存在任何支配關係。支配關係通常是導致深層憤怒開始隨著時間累積的原因。

　　他們也有極高的動力共同從事活動，也因為兩人並未相互支配，所以雙方都能樂在其中。

　　卡蜜拉對於查爾斯或許不像他對自己那般著迷，但他能對於卡蜜拉所扮演的生命角色帶來額外的動力，這算是不錯。除此之外，卡蜜拉具有三角 2，所以她一定也很享受身為皇室成員所獲得的尊敬。

　　與黛安娜相似，缺乏敏感度的查爾斯有時候可能會讓卡蜜拉感到困擾。雖然她並不像黛安娜具有雙重六角 1，而且比較堅強，但她還是偏好具有雙重六角 1 的人。她喜歡敏感的人，而查爾斯並不是這種人。或許查爾斯有時候完全不知道自己有多遲鈍，也忽略了自己的行為可能造成傷害。

　　我也確信查爾斯是風趣的人（心智具有三角 3 主軸），而卡蜜拉喜歡有趣的人，因為她在心智層面的「他人」欄位也有三角 3。

確認出生時間

當你輸入出生資料時，也必須輸入地區。確切地區與班圖的計算無關，而我們需要地區資料的原因在於，美國太空總署（NASA）公布了行星根據世界協調時間（簡稱 UTC，與格林威治標準時間相似）的相對位置。所以為了瞭解行星在

出生日期

12	▾
8月	▾
1978	▾
9 - 9 AM	▾
40	▾

出生地

搜尋城市

BERLIN, GERMANY

⏮ 儲存 執行 ⏭

最棒的禮物
我們都是機器人！

你出生時的位置所在，我們必須先將你的出生時間轉換為世界協調時間。我們必須觀察在你出生當時，你所在國家的時區規則，並且分析與世界協調時間的差異。同時也要了解當地是否實施日光節約時間。當你輸入某個地區，就可以直接選擇在相同時區內與你出生地最接近的城市。

以往的時區資料只有少數提供者，主要供早期占星軟體所使用。早期資料的問題在於，關於特定時間的特定位置資訊會有所衝突或錯誤。爾後，我們有了 IANA 來維護時區資料庫（tz 資料庫）。這是關於全世界時區的合作彙編資訊，主要目的是搭配電腦程式與作業系統使用。雖然並不完美，但卻是目前最完善的資料庫。舉例而言，有些國家的時區規則會不斷改變，有些國家甚至會透過將時區一分為二的方式，創造出新的時區，也有些國家會將兩個時區合而為一。你可以明白要維護與計算所有歷史資料有多麼困難。過去 50 年來，俄羅斯具有世界上變化最大的時區資料，要完整紀錄一切資料幾乎不可能。目前在輸入當地時間後，仍然有少數地區會出現錯誤的世界協調時間，例如：哈薩克、俄羅斯，甚至是美國的德州（1970 年以前）以及其他少數地區（1970 年以前）。

最好的方法是隨時透過「執行」按鈕下方以紅色顯示的世界協調時間（UTC），來確認 IANA 時區資料庫是否將你的當地時間正確轉換為世界協調時間。以上圖例子而言，可以看見當地時間輸入為早上 9:40，地區為德國柏林，而我們看到世界協調時間顯示為 8:40，似乎不正確，可以推斷當地在當時並未實施日光節約時間。下一步是在班圖開始改變時進

行核對。假設你的出生時間是 16:30，如果班圖在 16:29 發生巨大變化呢？首先要找出在你輸入的時間前後是否有任何改變。

在「儲存」與「執行」按鈕的左右兩邊，可以看見倒轉與快轉按鈕。當你按下倒轉時，班圖會即時分析倒轉後的改變。一旦發現變化，你會聽見一聲響鈴，並且會以亮底標示發生改變的資料。這項功能在人際關係模式中無法作用，你必須位於單人模式。在「簡易」頁面，你會看見任何產生變化的文字以亮底標示。在「圖像」頁面，如果你看見 12 個符號與其中數字的任何一項以亮底標示，代表它們有所改變。當你觀察出生日期，也能看見資料是在何時改變。

如果你想查詢稍早的資料，可以按下另一個方向的按鈕（在上面的例子中是指快轉按鈕），網頁就會顯示一分鐘前的資料。你可以再按下倒轉按鈕好幾次，系統會在發現另一項改變時停下來。

想回到最初你所輸入的出生時間，可以按下「執行」。接下來，你就能確認另一個方向的資料，以我們的例子來說是代表快轉後的資料。你隨時可以按下「儲存」按鈕，接著以新的資料覆蓋目前資料。

根據你出生資料的準確度，以及發生改變的時間有多相近，你或許可以從分析結果中排除某些資料，或至少提出質疑。

假設你的出生時間是 9:40，而你發現有個三角形主軸會在 9:38 從 2 變成 1，我們就能知道此人具有尊敬或成功主軸。儘管在大多數情況中，我傾向假設某人的確切出生時間會有

最棒的禮物
我們都是機器人！

所提前，比較少延後（護士可能在嬰兒出生**之後**才看時鐘），但你在這種情況下就不能如此推論。當討論的目標是你自己或你所認識的人，目的應該是找出在生命中的重心所在，至於別人怎麼想、對於目標什麼看法，或者是否想要追求成功，甚至是其他外人的意見或想法，有那麼重要嗎？

如果你無法確定，還有個方法。你起碼知道此人不具有三角 3 主軸，跟感受性格無關，所以至少能將範圍縮小一點。有些人會請占星師協助改正出生時間，但我不愛這麼做。這是非常不可靠的方法，而且通常在你找過幾位占星師之後，他們算出來的時間都完全不同。

當你想利用班圖計算某人的資料時，應該確定你擁有相當精確的時間，至少前後誤差不超過 30 分鐘，否則所取得的資訊價值會大幅降低。如果你並未取得某人的出生時間，我就不建議你採用對方的資料。班圖資料庫中的所有名人，出生時間都有可信度相對較高的來源，否則我們不會儲存任何人的資料。但同樣的，仍然無法保證時間資訊 100% 完全準確。

我總是跟大家說，如果你不了解班圖展現給你的資訊，那就不要相信它說的話。把你對於其他人以及自己的確切認知擺在第一位。班圖只是個工具，用來幫助你更加看清某人的性格特質，但千萬不要盲信。

這裡提供你一點概念，了解閘門、圓形、六角形或三角形主軸維持多久以後會發生下一次改變：

閘門	5.7 天
圓形	2 天以內
六角形	7.6 小時
三角形	76 分鐘

最棒的禮物
我們都是機器人！

結論

············

　我們要時刻提醒自己班圖的本質是什麼，這也是其他人可能會問你的問題，所以把答案準備好總是有幫助。

　班圖是建立在「有個更大的程式組織了所有生命」的理解之上，而最佳的理解方式是把宇宙想像成生物。有一份建構藍圖存在，但那並不是更高等的核心存在或力量，而是碎裂成無數的暗物質分體，我們在班圖系統中稱之為「班水晶」。

　地球上所有生命形態都具有兩種班水晶，而且每個細胞都含有一個班水晶。舉例而言，每個人類都具有心智層面的班與身體層面的班，前者影響你的言談與思維，後者影響你如何實際運用身體──你的行為。

　儘管生命形態具有自主權，但同時也受到影響。我們在生命中自我教導與學習，都會使我們會變得更有智慧，但同時也有更大的程式在影響我們，所以萬物都經過組織成為更大的有機體。我們在不知情的情況下承載著諸多職責，就跟我們體內的細胞很像，它們同樣也不了解自己確切的職責所在。

　班圖伴隨著「人類在生命中具有一定程度的自由，但同

時又有許多本質是不可變動的」的理解而來。如果程式持續發揮影響力，並沒有人說你不能走上另一條路，但你會面對艱難的挑戰，絕不會像順著程式期望之人那樣輕鬆。

班圖使你能更了解自身的長處與限制。程式希望從你身上得到的，當然是你本質中的一部分，但那是你本質中不容易改變的部分。透過班圖，你可以獲得更透澈的理解。

班圖並不是道德系統，不能告訴你「好」或「壞」。它不會指示你在生命中該怎麼做，這是你自己的責任與人生。程式支持著你，讓你能做出對的選擇。

我們都透過生活來發現生命所指引的目標。條條大路通羅馬，而班圖是能提供檢視自己與他人道路的放大鏡，藉此揭露你背後的動力以及主宰你情緒的性格。班圖的作用並不是帶來更多快樂，這是不可能的。班圖是要你理解自己的目標，並讓你明白每個人都有所不同。

班圖也不是教你該如何成為其他人。我們不應該活得像一隻旅鼠，沒有任何人應該去追求所謂「完美」。你已經成為程式期望中的樣子，但你也還是個「『在』製品」。不要假設自己有哪些地方出錯，非得重新塑造自己不可。

我們永遠不知道下一步是什麼。生命永遠不會靜止不動。無論你是不是個充滿夢想、對於未來有明確構想的發起者，這不重要，你只要了解未來永遠可能有不同面貌，我們只能在一定程度內掌握未來。就好比放牧的牛，雖然看似可以隨處漫步，但終究還是在電籬笆或者牧場裡頭，從而限制與拘束著牠們的自由。

下次當你在人生中受傷時，不要立刻將之視為錯誤。如

果你無法修補，或許是生命不希望你這麼做。拿出智慧來，觀察各種徵兆，就跟人際關係一樣，我們能透過班圖看見許多美妙的事物，但它並不會告訴你命定之人是誰。我們只能看見你為什麼會花更多或更少時間在某人身上。但即便你擁有五顆星滿分的對象，對方也不見得就是真命天子。只不過當他們成為你生命中的一部分，你會比較容易花更多時間與他們相處。最後，決定命定之人的人還是你自己，但不代表你一定找得到，你只能朝著生命引領的方向繼續前進。

如果你為人父母，而且與孩子的人際關係只有一顆星，別難過。這只代表彼此的關係需要空間，不要因此感到罪惡並逼迫自己適應孩子。孩子或許會在一陣子之後對你發出訊號，表示已經「受夠」你了。但這並不是你的錯，也不是大問題。

我們要完全掌握自己的人生，而且能夠將自身本質改變成我們喜歡的樣子，這是錯誤的想法。我們基於這番未經證實的假設，造成了許多人的苦難。沒有人會去談論數百萬無法獲得成功的人，但我們卻會為了少數「幸運」之人而喝采。他們由於言過其實的事蹟來贏得讚賞，通常也是這類型的人會寫書教你如何像他們一樣，並且上電視對眾人的期望高談闊論，透過製造更多不幸而變得更加富有。我並不反對分享自身故事或是提供自身成功秘訣的人。但告訴別人只要努力嘗試或是遵循某人的建議（使其藉此得利），就能夠成為自己所想要的**一切**，這是種犯罪。這些自大傲慢的人甚至還會把無法做到上述那些努力的人，稱為全然的失敗者。

生活在這顆星球上的所有人，基於某種原因以及我們未能理解的方式，都是不可或缺的存在。重點並不在於擁有多大的影響力以及多大的名聲或財富。宇宙需要你的程度恰如其分。這個宇宙並非空前絕後，也不是唯一的存在。如果生命不需要某件事物，就會加以擺脫，一切是如此殘酷。所以你存在於此的事實，表示你對於宇宙當下的生存絕對必要。某些人或許就像鹽分一樣，但我們都了解，對於完美的佳餚而言，正確的調味有多麼重要。世間萬物都有其重要性，無論是否對社會有所貢獻皆同。

　　班圖試著告訴你，沒有人像你一樣，也沒有人知道什麼對你最好，更重要的是你並不孤單。儘管你有些時候必須靠自己來理清頭緒，但更大的程式正看顧著你人生中的每一步。

　　最後，地球上沒有誰會比其他人更幸福。所以無論你獲得多少財富與獎盃，你都不曾變得更加開心、更受人所愛，或是更舉足輕重。總有一天，我們全都會歸於塵土，這一切也將不再重要。我們都會回到使我們誕生的那片塵土中。

　　過好你自己的人生，讓生命用明天為你帶來驚喜。有時候人生會帶著痛苦上門，但也只有痛苦能讓愉悅萌芽，否則我們早已成為過往。而且我們很快就會步向死亡，所以就讓我們為真正的自己慶賀，並且竭盡所能活得更好、更遠，把握當下的每一天。

最棒的禮物
我們都是機器人！

最棒的禮物
我們都是機器人！

baantu.com

最棒的禮物
我們都是機器人！

關於作者

　　史提夫·羅德斯（Steve Rhodes）是班圖的創辦人。他身兼英國音樂家、電腦程式設計師與作家，也是唱片公司所有人。他生於奧地利，主修機械工程管理，隨後並移居倫敦。他在大學時曾贏得全國最佳音樂新人選拔，並簽約進入哥倫比亞唱片公司，隨後登上各大電視、廣播節目與其他媒體版面。2010 年史蒂夫在倫敦擁有一間頂尖錄音室「半人馬座阿爾法星」（Alpha Centauri），曾在此錄音的音樂人包括 U2 樂團、肯伊·威斯特（Kanye West）、米亞（M.I.A）以及流行尖端樂團（Depeche Mode）。欲聆聽他的音樂，請上 marquii.net 網站。

最棒的禮物：我們都是機器人！
The God Code：We Are Robots!

作　　者／史提夫·羅德斯 Steve Rhodes
總 策 劃／陳冠達 Eric Chan
譯　　者／Gerald
美術編輯／劉曜徵
責任編輯／K.L

總 編 輯／賈俊國
副總編輯／蘇士尹
行銷企畫／張莉滎 · 廖可筠 · 蕭羽猜

發 行 人／何飛鵬
法律顧問／元禾法律事務所王子文律師
出　　版／布克文化出版事業部
　　　　　台北市中山區民生東路二段 141 號 8 樓
　　　　　電話：(02)2500-7008 傳真：(02)2502-7676
　　　　　Email：sbooker.service@cite.com.tw
發　　行／英屬蓋曼群島商家庭傳媒股份有限公司城邦分公司
　　　　　台北市中山區民生東路二段 141 號 2 樓
　　　　　書蟲客服務專線：(02)2500-7718；2500-7719
　　　　　24 小時傳真專線：(02)2500-1990；2500-1991
　　　　　劃撥帳號：19863813；戶名：書蟲股份有限公司
　　　　　讀者服務信箱：service@readingclub.com.tw
香港發行所／城邦（香港）出版集團有限公司
　　　　　香港灣仔駱克道 193 號東超商業中心 1 樓
　　　　　電話：+852-2508-6231　　傳真：+852-2578-9337
　　　　　Email：hkcite@biznetvigator.com
馬新發行所／城邦（馬新）出版集團 Cité (M) Sdn. Bhd.
　　　　　41, Jalan Radin Anum, Bandar Baru Sri Petaling,
　　　　　57000 Kuala Lumpur, Malaysia
　　　　　電話：+603- 9057-8822　　傳真：+603- 9057-6622
　　　　　Email：cite@cite.com.my
印　　刷／卡樂彩色製版印刷有限公司
初　　版／2020 年（民 109）01 月
售　　價／400 元
ISBN ／ 978-986-5405-47-2

城邦讀書花園
www.cite.com.tw

布克文化